Monika Bovermann
Sylvette Penning-Hiemstra
Franz Specht
Daniela Wagner

Deutsch als Fremdsprache

Schritte 1

Kursbuch +
Arbeitsbuch

Hueber Verlag

Beratung:

Renate Aumüller, Münchner Volkshochschule
Barbara Gottstein-Schramm, Goethe-Institut Internationes,
    Bereich Deutsch als Zweitsprache, Lehrkräftequalifizierung
Isabel Krämer-Kienle, Goethe-Institut Inter Nationes,
    Bereich Deutsch als Zweitsprache, Lehrkräftequalifizierung
Susanne Kalender, Duisburg
Marion Overhoff, Duisburg
Rainer Wiedemann, München
Renate Zschärlich, Berlin

Fotogeschichte:

Fotograf: Alexander Keller
Darsteller: Grit Emmrich-Seeger, Marcus Kästner, Susanne Länge,
            Yevgen Papanin, Jana Weers
Organisation: Sylvette Penning, Lisa Mammele

8. 7. 6.   Die letzten Ziffern
2012 11 10 09 08   bezeichnen Zahl und Jahr des Druckes.
Alle Drucke dieser Auflage können, da unverändert,
nebeneinander benutzt werden.
1. Auflage
© 2003 Hueber Verlag, 85737 Ismaning, Deutschland
Zeichnungen: Jörg Saupe, Düsseldorf
Layout: Marlene Kern, München
Lektorat: Dörte Weers, Jutta Orth-Chambah, Marion Kerner, Hueber Verlag, Ismaning
Druck und Bindung: Stürtz GmbH, Würzburg
Printed in Germany
ISBN 978-3-19-001704-1
ISBN 978-3-19-201704-9 (mit CD)

AUFBAU

Symbole / Piktogramme

Kursbuch		Arbeitsbuch	
Hörtext auf CD/Kassette	CD1 05	Hörtext auf CD/Kassette	CD2 12
Grammatik	Nico → er	Vertiefungsübung	Ergänzen Sie.
Hinweis	1 kg = ein Kilo	Erweiterungsübung	Ergänzen Sie.
Aktivität im Kurs			
Redemittel	*Wie heißen Sie? Wie ist Ihr Name?*		

Inhalt Kursbuch

5

Mein Tag

Grammatik
● trennbare Verben: *Bruno steht früh auf.*
● Verbkonjugation: *sehen, arbeiten, essen*
● Verbposition im Satz
● Präpositionen *am, um, von ... bis:*
Am Sonntag um acht Uhr.

6

Freizeit

Grammatik
● Akkusativ: *den Salat, einen Tee,*
keinen Saft
● Ja-/Nein-Frage und Antwort *ja, nein, doch*
● Verbkonjugation: *lesen, treffen, schlafen,*
fahren

7

Kinder und Schule

Grammatik
● Modalverben *können, wollen*
● Satzklammer: *Ich kann nicht einkaufen.*
● Perfekt mit haben: *hat ... gelernt*
● Perfekt mit sein: *ist ... gefahren*
● temporale Angabe *gestern*

Vorwort

Liebe Leserinnen und Leser,

Schritte ist ein Lehrwerk für die Grundstufe. Es führt Lernende ohne Vorkenntnisse in jeweils zwei Bänden zu den Sprachniveaus A1, A2 und B1, wie sie im *Gemeinsamen europäischen Referenzrahmen* definiert sind. Gleichzeitig bereitet es gezielt auf die Prüfungen *Start Deutsch 1* (Stufe A1), *Start Deutsch 2* (Stufe A2) und *Zertifikat Deutsch* (Stufe B1) vor.

Für wen ist das Lehrwerk *Schritte* geeignet?

Schritte eignet sich besonders für Lernende, die in einem deutschsprachigen Land leben oder leben möchten. Um die Integration in den deutschen Alltag zu erleichtern, haben wir Situationen gewählt, die auf die Bedürfnisse dieser Zielgruppe ausgerichtet sind. Die wichtigen Bereiche des Familienlebens und der Arbeitswelt nehmen breiten Raum ein. Implizit vermittelt das Lehrwerk landeskundliches Grundwissen über relevante Bereiche wie zum Beispiel Wohnungs- und Stellensuche, Schulsystem und Gesundheitswesen.
Das Lehrwerk ist gedacht für Lernende, die über wenig Lernerfahrung verfügen und vielleicht noch keine andere Fremdsprache gelernt haben. Die Progression ist daher gezielt flach gehalten.

Wie sind die Lektionen aufgebaut?

Das Kursbuch

Jede der sieben Lektionen eines Bandes besteht aus einer Einstiegsdoppelseite, fünf Lernschritten A bis E sowie einer Übersichtsseite am Lektionsende. Die Lernschritte A bis E sind jeweils auf einer Seite abgeschlossen, was einen klaren und transparenten Aufbau schafft.

- **Einstieg:** Jede Lektion beginnt mit einer Folge einer Foto-Hörgeschichte. Die Episoden bilden den thematischen und sprachlichen Rahmen der Lektion. Der Handlungsbogen dient als roter Faden für die Lektion und erleichtert die Orientierung im Lernprogramm.

- **Lernschritt A-C:** Hier werden die neuen Wörter und Strukturen der Foto-Hörgeschichte aufgegriffen, in weiteren typischen Situationen variiert und erweitert. In der Kopfzeile jeder Seite sehen Sie, um welchen Lernstoff es auf der Seite geht. Die Einstiegsaufgabe der Lernschritte führt neuen Stoff ein, indem sie mit einem „Zitat" an die gerade gehörte Episode anknüpft. Variationsübungen und zusätzliche Alltagsdialoge schleifen den neuen Lernstoff ein. Grammatik-Einblendungen machen die neu zu erlernenden Sprachstrukturen bewusst. Den Abschluss der Lerneinheit bildet eine freie, oft spielerische Anwendungsübung.

- **Lernschritt D und E:** Diese Seiten präsentieren alltägliche Gesprächssituationen und Schreibanlässe und bereiten die Lernenden mit Hilfe von „Realien" auf den Alltag außerhalb des Klassenraums vor. Die vier Fertigkeiten werden hier unabhängig von der Foto-Hörgeschichte trainiert. Der Schwerpunkt liegt dabei auf den produktiven Fertigkeiten. Die Teilnehmenden lernen auch die wichtigsten Textsorten des Schriftverkehrs kennen, d.h. Formulare, Briefe und E-Mails.

- **Übersicht:** Am Ende der Lektion finden Sie die wichtigen Strukturen, Wörter und Wendungen systematisch aufgeführt.

Das Arbeitsbuch

Das integrierte Arbeitsbuch ermöglicht dem Lehrenden durch ein spezielles Leitsystem, innerhalb eines Kurses binnendifferenziert mit schnelleren und langsameren Lernenden gezielt zu arbeiten. Hier finden sich auch die Aufgaben zum Aussprachetraining. Projekte ermöglichen eine enge Verknüpfung von Lernen in und außerhalb des Klassenraumes. Ein Lerntagebuch leitet die Teilnehmenden von Anfang dazu an, sich den eigenen Lernprozess bewusst zu machen und sinnvolle Strategien anzueignen. Aufgaben, die eine gezielte Vorbereitung auf die Prüfungen *Start Deutsch* bzw. *Zertifikat Deutsch* ermöglichen, runden das Arbeitsbuch ab.

Viel Spaß beim Lehren und Lernen mit *Schritte* wünschen Ihnen

Autoren und Verlag

1 | Guten Tag. Mein Name ist ...

FOLGE 1: *NIKOLAJ MIRON*

CD 1 | 02 | ⊡ **1**   **Sehen Sie die Fotos an und hören Sie.**

2   **Wer ist das?**

Nikolaj ● Sara ● Bruno

Das ist *Nikolaj* .   Das ist ....   Das ist ....

3 **Hören Sie noch einmal. Wer sagt das? Ordnen Sie zu.**

	Hans Müller?
	Papa! Papa!
Sara	Wie heißen Sie?
Nikolaj	Das ist Nikolaj.
Bruno	Mein Name ist Nikolaj Miron.
	Ich komme aus der Ukraine.
	Nein, ich bin nicht Herr Müller. Ich heiße Schneider. Bruno Schneider.
	Danke! Vielen Dank!

CD 1 03
A1 **Hören Sie noch einmal. Wer sagt das?**

Guten Tag.
Hallo.
Auf Wiedersehen.
Tschüs.

CD 1 04
A2 **Hören Sie und ordnen Sie zu.**

[3] ● Auf Wiedersehen, Herr Schröder.
　　▲ Tschüs, Felix.

[ ] ■ Guten Abend, meine Damen und Herren.
　　Willkommen bei „Musik ist international".

[ ] ▼ Guten Morgen, Frau Schröder.
　　■ Guten Morgen. Oh, danke. Wiedersehen.

[ ] ■ Jetzt aber gute Nacht.
　　◆ Nacht, Mama.

Guten	Morgen.	
	Tag.	Gute Nacht.
	Abend.	Auf Wiedersehen.
Hallo.		Tschüs.

A3 **Sprechen Sie im Kurs.**

6 Uhr – 11 Uhr: Guten Morgen.
11 Uhr – 18 Uhr: Guten Tag.
18 Uhr – ... : Guten Abend.

6.00	Guten Morgen, Frau Eco. – Guten Morgen.
13.00	Guten Tag, Herr ... – Guten Tag.
20.45	Guten Abend, Alexander. – Guten Abend.

Das ist Schnuffi. Ich bin Sara.

1

B1   **Wer sagt das? Ordnen Sie zu.**

3 Ich heiße Nikolaj.   ☐ Und wie heißen Sie?   ☐ Ich bin Sara.   ☐ Das ist Schnuffi.

B2   **Hören Sie und sprechen Sie dann mit Ihrem Namen.**

● Guten Tag. Mein Name ist Andreas Zilinski.
▲ Guten Tag, Herr ... Entschuldigung, wie heißen Sie?
● Andreas Zilinski.
▲ Ah ja. Guten Tag, Herr Zilinski.
  Ich bin Michaela Zuber.
● Guten Tag, Frau Zuber.

■ Frau Kunz, das ist meine Kollegin
  Frau Zuber.
◆ Guten Tag, Frau Zuber.
▲ Guten Tag.

Wie heißen Sie? Ich heiße ...
                 Ich bin ...

B3   **Fragen Sie und antworten Sie im Kurs.**

Ich bin Birgit Nielsen.
Das ist Luca Andreotti.
Und wie heißen Sie?

Ich bin ...
Das ist ...
Und wie ...

Das ist ...

B4   **Suchen und zeigen Sie ein Foto. Fragen Sie.**

■ Wer ist das?   ■ Wer ist das?
● Das ist ...   ▲ Ich weiß es nicht.
■ | Ja, stimmt.
  | Nein.

Wer ist das? Das ist ...

CD 1 06 **C1** **Hören Sie. Welches Bild passt zu welchem Gespräch?**

☐ ● Guten Tag.
Mein Name ist Nikolaj Miron.
▲ Guten Tag. Freut mich.
Ich heiße Jutta Wagner.
Woher kommen Sie, Herr Miron?
● Aus der Ukraine.

☐ ● Hallo. Ich bin Nikolaj.
Und wer bist du?
■ Ich bin Oliver.
Woher kommst du, Nikolaj?
● Aus der Ukraine.

Woher kommen **Sie**?	**Aus**	Deutschland.
Woher komm**st du**?		Österreich.
		…

C2 **Ergänzen Sie.**

a ● Herr Meier, woher komm*.en.* .... ?
▲ Aus Deutschland.

b ■ Peter, woher komm...... ...*du*... ?
◆ Aus Österreich.

c ● Frau Thalmann, woher komm...... .... ?
■ Aus der Schweiz.

d ◆ Karim, woher komm...... .... ?
● Aus dem Irak.

aus	–	*dem*	*der*
	Deutschland	Irak	Schweiz
	Österreich	Iran	Türkei
	Afghanistan	Jemen	Ukraine
	Kroatien	Sudan	…
	Kasachstan	…	
	Marokko		
	Russland		
	Tunesien		
	Vietnam		
	…		

C3 **Im Kurs: Fragen Sie und machen Sie eine Wandzeitung.**

Was sprechen Sie? Deutsch.
Was sprichst du? Russisch und ein
bisschen Deutsch.

Ich spreche gut
Englisch und
ein bisschen
Deutsch.

▼ Wie heißen Sie?
Wie heißt du?

Woher kommen Sie?
Woher kommst du?

Was sprechen Sie?
Was sprichst du? ◢

Name	Land	Sprachen
Mario Barchi	Italien	Italienisch · Englisch · Deutsch

Sprachen
Arabisch
Deutsch
Englisch
Französisch
Italienisch
Kroatisch
Persisch
Russisch
Serbisch
Türkisch
Ukrainisch
Vietnamesisch

D1 **Hören Sie und sprechen Sie.**

A a	B b	C c	D d	E e	F f	G g
H h	I i	J j	K k	L l	M m	N n
O o	P p	Q q	R r	S s	T t	U u
V v	W w	X x	Y y	Z z		
Ä ä	Ö ö	Ü ü	ß			

D2 **Markieren Sie unbekannte Buchstaben.**

Suchen Sie in der Lektion Wörter mit: *ö*, *ü*, *ß*, *z*.
Beispiel: *hören* (Seite 8)

D3 **Buchstabieren Sie Ihren Namen.**

D4 **Hören Sie das Telefongespräch und sprechen Sie dann mit Ihrem Namen.**

Firma Teletec, Iris Pfeil, guten Tag.

Guten Tag. Mein Name ist Khosa.
Ist Frau Söll da, bitte?

Guten Tag, Herr K...

Khosa.

Entschuldigung, wie ist Ihr Name?

Khosa. Ich buchstabiere: K–H–O–S–A.

Ah ja, Herr Khosa. Tut mir leid,
Frau Söll ist nicht da.

Ja, gut. Danke. Auf Wiederhören.

Auf Wiederhören, Herr Khosa.

D5 **Spiel: Suchen Sie im Kurs Namen mit Ihren Buchstaben.**

Ich bin Sandra.
Wie heißt du?

Ich heiße Rodolfo.
Ich buchstabiere: R–O–D–O–L–F–O.

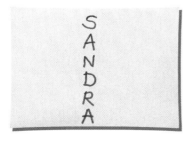

E1 Lesen Sie und ergänzen Sie die Liste.

	Herr	Frau	Frau	Herr	Frau	Herr
Familienname		Rienhoff	Babaçan			Amirseghi
Vorname		Luise			Nicole	
Land				Liechten-stein		
Stadt	Frankfurt					
Straße						Adam-Karrillon-Straße

E2 Fragen Sie im Kurs. Schreiben Sie eine Kursliste.

Kurs: A1/1

	Familienname	Vorname	Stadt	Straße
1	Caso	Elena		
2				
...				

Wie heißen Sie?
Buchstabieren Sie bitte.
Und der Vorname, bitte?
Und wie heißt die Stadt, bitte?
Und die Straße?

E3 Ergänzen Sie das Formular.

Kurs A1/1

Deutsch als Fremdsprache

A n m e l d u n g

Familienname: ....

Vorname: ....

Straße, Hausnummer: ....

Postleitzahl, Stadt: ....

E4 Ergänzen Sie die Wörter aus dem Formular.

a Name: ...Vor..name, ...name

b Nummer: ....nummer

c Zahl: ....zahl

Grammatik

1 Aussage

	Position 2	
Mein Name	ist	Bruno Schneider.
Ich	bin	Sara.
Ich	komme	aus Deutschland.
Sie	sprechen	Russisch.

2 W-Frage

	Position 2	
Wer	ist	das?
Wie	heißen	Sie?
Woher	kommen	Sie?
Was	sprechen	Sie?

3 Verb: Konjugation

	kommen	heißen	sprechen	sein
ich	komme	heiße	spreche	bin
du	kommst	heißt	sprichst	bist
Sie	kommen	heißen	sprechen	sind

4 Nomen: Wortbildung

Name:	Vorname, Familienname
Nummer:	Hausnummer
Zahl:	Postleitzahl

Wichtige Wörter und Wendungen

Begrüßung: Hallo!

Hallo!
Guten Morgen, Frau Schröder.
Firma Teletec, Iris Pfeil, guten Tag.
Guten Abend, Herr Schneider.

Abschied: Auf Wiedersehen.

Auf Wiedersehen, Frau Schröder.
Tschüs, Felix.
Gute Nacht. – Nacht, Mama.
Auf Wiederhören.

Name: Wie heißen Sie?

Wie heißen Sie? – Ich heiße/bin Bruno Schneider.
Wie heißt du? – Ich heiße/bin Sara.
Wer bist du? – Sara.
Wie ist Ihr Name? – Mein Name ist Andreas Zilinski.
Wer ist das? – Das ist Frau Kunz.

Herkunft: Woher kommen Sie?

Woher kommen Sie, Herr Miron? – Aus der Ukraine.
Woher kommst du, Nikolaj? – Aus der Ukraine.

Strategien

Ah, ja. • Ja, stimmt. • …, bitte? • Ja, gut.

Sprache: Was sprechen Sie?

Was sprechen Sie? – Deutsch.
Was sprichst du? – Ich spreche gut
Englisch und ein bisschen Deutsch.

Personalien

Vorname • Familienname •
Straße • Hausnummer •
Stadt • Postleitzahl • Land

Entschuldigung

Entschuldigung, …
Tut mir leid.

Bitten und Danken

Und wie heißt die Stadt, bitte?
Buchstabieren Sie bitte.
Ich buchstabiere: K–H–O–S–A. – Danke!

Kurssprache

ansehen • antworten • ergänzen •
fragen • hören • lesen • machen •
markieren • sagen • schreiben •
sprechen • suchen • zeigen • zuordnen

FOLGE 2: *PIPSI UND SCHNOFFERL*

__1__   **Wer ist Bruno? Wer ist Sara? Wer ist Nikolaj?**
Zeigen Sie.

__2__   **Was meinen Sie? Wer ist das?**

☐ Brunos Frau
☐ Nikolajs Frau

Ja, genau.

Nein, das ist
Nikolajs Frau.

Das ist
Brunos Frau.

CD 1 09   __3__   **Sehen Sie die Fotos an und hören Sie.**

4 Was ist richtig? Kreuzen Sie an.

☐ Sara: Das ist Tina, meine Mutter.

☐ Nikolaj: Das ist Tina, meine Frau.

☐ Bruno: Das ist Tina, meine Frau.

5 Hören Sie noch einmal.
Wer sagt das? Kreuzen Sie an.

		Bruno	Nikolaj	Tina	Sara
a	Wo ist denn Sara? Und wo ist Bruno?	☐	☒	☐	☐
b	Wer sind Sie denn?	☐	☐	☐	☐
c	Na, wie geht's, Herr Miron?	☐	☐	☐	☐
d	Meine Mutter und mein Bruder leben in Kiew.	☐	☐	☐	☐
e	Sie heißen Schnuffi und Poppel, verstehst du?	☐	☐	☐	☐

CD 1 | 10 | **A1** **Hören Sie und ordnen Sie zu.**

▲ Wie geht's?

① Super.
② Danke, sehr gut.
③ Gut, danke.
④ Na ja, es geht.
⑤ Ach, nicht so gut.

CD 1 | 11 | **A2** **Hören Sie und sprechen Sie dann mit Ihrem Namen.**

■ Guten Tag, Herr Kraus.
● Guten Tag, Herr Müller.
  Wie geht es Ihnen?
■ Sehr gut, danke.
  Und Ihnen?
● Es geht.

▲ Hallo, Andreas.
◆ Hallo, Peter.
  Wie geht es dir?
▲ Gut, und dir?
◆ Auch gut.

Wie geht's?
Wie geht es Ihnen? Gut, danke.
Wie geht es dir?

Varianten:
super – sehr gut ●
gut – nicht so gut

Varianten:
nicht so gut ●
sehr gut

A3 **Rollenspiel: Machen Sie Kärtchen und sprechen Sie.**

● Wie geht es Ihnen?
▲ Danke, gut.

● Woher kommen Sie?
▲ Aus Österreich.

■ Wie geht es dir?
◆ Super!

■ Woher kommst du?
◆ Aus Deutschland.

Das ist **meine Frau.**

B1   Hören Sie und ergänzen Sie.

Frau ● Mutter ● Tochter ● Eltern ● Bruder ● Vater

Das ist Tina,
meine ...*Frau*........... .
Und das da ist meine
.... Sara.

Das sind meine ....
Mein .... heißt
Bruno, meine ....
heißt Tina.

Das hier ist mein
....

B2   Wer ist wer? Hören Sie und ergänzen Sie.

Sohn ● Tochter ● Kinder ● Mann ● Bruder ● Schwester

Das ist ...
❶ ...*mein Mann*...........
❷ ...*mein*..................
❸ ...*meine*.................

Das sind ...
❷ und ❸ ...*meine*......
....

Das ist ...
❹ ...*meine*..................
❺ ...*mein*....................

mein	Vater
	Sohn
mein	Kind
meine	Mutter
	Frau
meine	Eltern
	Kinder

Das ist   mein Vater.
Das sind   meine Eltern.

B3   Ergänzen Sie.

■ Wer ist das?

● Das ist .... Schwester.

■ Und das?

● Das ist .... Bruder.

■ Ah, ja!

● Und das sind .... Eltern.

B4   Ihre Familienfotos: Sprechen Sie.

Das ist mein / meine ...

Das sind meine ...

CD 1 14
C1 **Hören Sie und ergänzen Sie.**

~~kommt~~ ● heißen ● kommt ● ist

Niko ......*kommt*...... aus der
Ukraine. Er wohnt in München,
in der Rosenheimer Straße.
Seine Mutter und sein Bruder
leben in Kiew.

Das .... Sara:
Sie hat zwei Hasen, sie
.... Schnuffi
und Poppel.

Bruno lebt in München.
Seine Mutter ....
aus Italien. Seine Eltern
wohnen nicht in München,
sie leben in Nürnberg.

C2 **Schreiben Sie.**

a

Thi Giang
Vietnam
Deutschland
Dresden
Müllerstraße

Das ist ...
Sie kommt aus ...
Sie lebt in ....
Sie wohnt in ...
Sie wohnt in der ...

Niko ➔ er
Sara ➔ sie
Eltern ➔ sie

b

Afo
Togo
Österreich
Wien
Burgstraße

Das ...
Er kommt ...
... lebt ...
... wohnt ...
... wohnt in ...

er/sie	wohnt	lebt	ist
wir	wohnen	leben	sind
ihr	wohnt	lebt	seid
sie/Sie	wohnen	leben	sind

c

Metin und Elif
Türkei
Deutschland
Köln
Schillerstraße

Das sind ...
... kommen ...
... leben ...
...

Das ist Thi Giang. Sie kommt aus Vietnam. Sie ...

CD 1 15
C3 **Hören Sie und variieren Sie.**

● Anna, das sind meine Freunde Sera und Mori.
■ Ah, hallo. Woher kommt ihr denn?
▲ Aus Uganda, aber wir sind schon lange
  in Deutschland. Wir wohnen hier in Berlin.

Varianten:
Lin und Bang – China – Österreich – Wien ●
Hamed und Mariam – Afghanistan – Deutschland – Erfurt

C4 **Eine Party: Schreiben Sie Kärtchen und sprechen Sie.**

Wie heißt ihr?
Woher kommt ihr?
Wo ...?

Wir sind Lina und Markus Ebner.
Wir kommen aus Österreich.
Wir wohnen in Kiel.

D 1 **Hören Sie und sprechen Sie nach.**

0	1	2	3	4	5	6	7	8	9	10	11
null	eins	zwei	drei	vier	fünf	sechs	sieben	acht	neun	zehn	elf

12	13	14	15	16	17	18	19	20
zwölf	dreizehn	vierzehn	fünfzehn	sechzehn	siebzehn	achtzehn	neunzehn	zwanzig

D 2 **Welche Telefonnummern hören Sie? Kreuzen Sie an.**

a ☐ 11 12 20   ☐ 13 16 20   ☐ 12 15 20
b ☐ 18 18 10   ☐ 19 18 10   ☐ 19 16 10
c ☐ 19 15 12   ☐ 18 15 12   ☐ 16 17 12

D 3 **Hören Sie und lesen Sie das Gespräch.**
Füllen Sie das Formular aus.

▲ Wie heißen Sie?
● Manuela Silva Cabral.
▲ Woher kommen Sie?
● Aus Portugal.
▲ Wo sind Sie geboren?
● In Porto.
▲ Wie ist Ihre Adresse?
● 20249 Hamburg, Markstraße 1.
▲ Wie ist Ihre Telefonnummer?
● 7 8 8 6 3 9.
▲ Sind Sie verheiratet?
● Nein, ich bin geschieden.
▲ Haben Sie Kinder?
● Ja, ein Kind.
▲ Wie alt ist Ihr Kind?
● Acht.

Familienname: *Silva Cabral*
Vorname: ....
Heimatland: *Portugal*
Geburtsort: ....
Wohnort: *Hamburg*
Adresse: ....
Telefonnummer: ....
Familienstand: ☐ ledig   ☐ verwitwet
                ☐ verheiratet ☐ geschieden
Kinder: *1* Kind / .... Kinder / kein Kind
Alter: *8*

D 4 **Fragen Sie Ihre Partnerin / Ihren Partner.**

Wie heißen Sie?   Haben Sie ...?
Woher kommen ...?   Wie alt ist Ihr Kind / sind Ihre Kinder?
Wo sind ...?
Wo wohnen ...?
Wie ist Ihre ...?
Sind Sie ...?

ich	habe	
du	**hast**	
er/sie	**hat**	ein Kind
wir	haben	
ihr	habt	
sie	haben	

D 5 **Schreiben Sie über Ihre Partnerin / Ihren Partner.**

E1 Wie heißen die Städte?

Hamburg ● Wien ● Zürich ● Berlin

.... *Zürich* ....

E2 Suchen Sie die Städte auf der Landkarte. Kreuzen Sie an.

D–A–CH–Quiz

Deutschland ● Österreich ● Schweiz

a Hamburg ist in ☒ ▬ ✚ .

b Zürich ist in der ▬ ▬ ✚ .

c Linz ist in ▬ ▬ ✚ .

d Berlin ist die Hauptstadt von ▬ ▬ ✚ .

e Die Hauptstadt von ▬ ▬ ✚ heißt Wien.

f Bern ist die Hauptstadt der ▬ ▬ ✚ .

g München liegt in Süd ▬ ▬ ✚ .

h Kiel liegt in Nord ▬ ▬ ✚ .

CD 1 19 ▫ E3 Hören Sie. Wo wohnen die Leute?

Hanne Winkler: Ashraf Shabaro: Thomas Gierl: Margrit Ehrler:
in Hamburg
....

CD 1 19 ▫ E4 Hören Sie noch einmal. Richtig oder falsch? Kreuzen Sie an.

richtig falsch

a **Hanne Winkler**

Sie ist zwanzig Jahre alt. ☐ ☒

Sie ist verheiratet. ☐ ☐

Sie hat zwei Kinder. ☐ ☐

b **Ashraf Shabaro**

Er lebt in Syrien. ☐ ☐

Er ist ledig. ☐ ☐

Er hat drei Kinder. ☐ ☐

richtig falsch

c **Thomas Gierl**

Er lebt in Österreich. ☐ ☐

Er hat eine Tochter. ☐ ☐

Er ist verheiratet. ☐ ☐

d   **Margrit Ehrler**

Sie lebt in der Schweiz. ☐ ☐

Sie hat ein Baby. ☐ ☐

Das Baby heißt Jakob. ☐ ☐

Grammatik

1 Possessivartikel: *mein*

Singular – maskulin	Singular – neutral	Singular – feminin	Plural
mein Vater	mein Kind	meine Mutter	meine Eltern

2 Verb: Konjugation

	leben	heißen	sprechen	sein	haben
ich	lebe	heiße	spreche	bin	habe
du	lebst	heißt	sprichst	bist	hast
er/sie	lebt	heißt	spricht	ist	hat
wir	leben	heißen	sprechen	sind	haben
ihr	lebt	heißt	sprecht	seid	habt
sie/Sie	leben	heißen	sprechen	sind	haben

Wichtige Wörter und Wendungen

Befinden: Wie geht's?

Wie geht's?	Danke, super/sehr gut/gut.
	Sehr gut, danke.
Wie geht es Ihnen?	Na ja, es geht.
Wie geht es dir?	Ach, nicht so gut.
Und Ihnen/dir?	Auch gut, danke.

Familie

mein …	mein …	meine …	meine …
Bruder	Kind	Frau	Eltern
Mann		Mutter	Kinder
Sohn		Schwester	
Vater		Tochter	
		Familie	

Andere vorstellen: Das ist/sind …

Das ist	meine Tochter / Brunos Frau.
Das sind	meine Eltern / meine Kinder.

Ort: Hamburg ist in Deutschland

Hamburg ist/liegt in Deutschland.
Wien ist die Hauptstadt von Österreich.

Norddeutschland • Ostdeutschland •
Süddeutschland • Westdeutschland

Angaben zur Person: Wer sind Sie?

Wo sind Sie geboren?	Ich bin in Porto geboren.
Wo wohnen Sie?	Ich lebe/wohne in Zürich.
	Ich wohne in der Bader Straße.
Wie ist Ihre Adresse?	20249 Hamburg, Markstraße 1.
Wie ist Ihre Telefonnummer?	788639.
Sind Sie verheiratet?	Ja, ich bin verheiratet.
	Nein, ich bin ledig/
	verwitwet/geschieden.
Haben Sie Kinder?	Ich habe ein Kind/
	zwei, drei, … Kinder/
	keine Kinder.
Wie alt ist Ihr Kind?	Acht.
Wie alt sind Ihre Kinder?	Acht und zehn.

Personalien

Adresse • Alter • Familienstand •
Geburtsort • Heimatland •
Telefonnummer • Wohnort

Strategien

Verstehen Sie? / Verstehst du?
Na ja, …
Ach, …
Ja, genau.
Ah, ja.

3 | Einkauf

FOLGE 3: *KENNEN SIE FAN-FIT?*

1   **Sehen Sie die Fotos an. Wo ist Niko?**

☐ In Brunos Obst- und Gemüseladen.   ☐ Im Supermarkt.

2   **Zeigen Sie. Wo ist …?**

Joghurt ● ein Apfel ● Salz ● eine Banane

CD 1 20 🔊

3   **Sehen Sie die Fotos an und hören Sie.**

Sahne	0,59		Joghurt	0,39
Rindfleisch	4,98		fan-fit	2,00
Landbrot	1,52		Äpfel	1,98
Mineralwasser	0,98		Bananen	1,29
Salz	0,55			5,66
	8,62			

4   **Was kauft Niko? Kreuzen Sie an.**   ☐   ☐

5   Was hören Sie? Kreuzen Sie an.

a	Kennen Sie schon *fan-fit*?	☒
b	*fan-fit* ist ein neues Getränk für Sportler.	☐
c	Das ist ein Apfel.	☐
d	Ich brauche Salz.	☐
e	Ich möchte eine Flasche *fan-fit*.	☐

6   Richtig oder falsch? Kreuzen Sie an.

		richtig	falsch
a	Niko braucht Joghurt.	☐	☐
b	Niko braucht Salz.	☐	☐
c	Niko kennt *fan-fit*.	☐	☐
d	Niko kauft *fan-fit*.	☐	☐

A1 Ordnen Sie zu.

1   **2**   **3**

A
Joghurt
Tee
Reis
Gemüse
Bier

B
Sahne
Fleisch
Brot
Mineralwasser
Salz

C
Milch
Käse
Wein
Fisch
Obst

Bild	1	2	3
Text			

CD 1 | 21 |

A2 Hören Sie und variieren Sie.

▲ Kennen Sie schon *fan-fit*?
● Nein, was ist das?
▲ Das ist Saft.

Varianten:
Bergquell – Wasser ● *Obsttraum* – Joghurt ●
Kristall – Salz

Kennen Sie *fan-fit*?	Ja.
	Nein.
Was ist das?	Das ist Saft.

A3 Sehen Sie das Bild an.
Fragen Sie und antworten Sie.

| ■ Haben wir noch | Milch? | ◆ | Ja. |
| Brauchen wir | Reis? | | Nein. |

Obst ● Gemüse ● Brot ● Reis
Käse ● Milch ● Sahne ● Fleisch
Tee ● Wasser ● Wein ● Salz ● Bier

A4 Spiel: Ihr Einkauf

Iwan braucht Reis, Salz und … . Er hat Obst, … .
Sandra braucht Fleisch, Fisch, … . Sie hat Bier, Käse, Wein, … .
Hassan braucht … . Er hat … .

Sandra, ich brauche Reis. Hast du Reis?

Nein, tut mir leid.

Hassan, hast du Reis?

Ja, hier bitte.

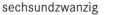

Das ist doch **keine** Sahne.

B1 Hören Sie und ergänzen Sie.

ein ● eine ● keine ● ein ● keine

▲ Das ist doch ...*keine*... Sahne, oder?
Nein, das ist .... Joghurt.

▲ Ist das .... Tomate?
◆ Nein, das ist .... Tomate.
Das ist .... Apfel.

ein Apfel → kein Apfel
ein Ei → kein Ei
eine Tomate → keine Tomate

B2 Hören Sie und variieren Sie.

■ Wie heißt das auf Deutsch?
◆ Apfel.
■ Wie bitte?
◆ Apfel. Das ist ein Apfel.

■ Und das? Was ist das?
◆ Das ist eine Tomate.

Varianten:

ein Ei   eine Kartoffel   eine Banane   eine Orange   ein Kuchen   ein Brötchen

B3 Ergänzen Sie.

a
Das ist kein Apfel.
Das ist ...*eine Tomate*...

b
Das ist keine Tomate.
Das ist ....

c
Das ist keine Kartoffel.
Das ist ....

d
Das ist kein Ei.
Das ist ....

e
Das ist kein Brötchen.
Das ist ....

f
Das ist keine Kartoffel.
Das ist ....

B4 Rätsel: Was ist das?

a   b   c   d   e

Ist das eine Tomate?

Ja, vielleicht.

Nein, das ist keine Tomate. Das ist ein Apfel.

CD 1 | 24 | 🔁   **C1**   **Hören Sie und ergänzen Sie.**

Apfel ● Brötchen ● Äpfel ● Flaschen ● Brot

Eine Flasche *fan-fit* kostet 2 €.
Vier ....*Flaschen*........... kosten nur 7,10 €.

1 €	= ein Euro
0,10 €	= zehn Cent
1,10 €	= ein Euro zehn

Ein .... kostet heute 0,10 €.
Zwölf .... kosten nur 1 €.

Sechs .... kosten nur 1,10 €.
Ein .... kostet nur 2,20 €.

C2   **Ordnen Sie zu.**

Äpfel ● Orangen ● Brötchen ● Eier ● Bananen
Tomaten

ein Apfel	→	Äpfel
ein Ei	→	Eier
ein Brötchen	→	Brötchen
eine Tomate	→	Tomaten

kein Apfel	→	keine Äpfel
kein Ei	→	keine Eier
keine Tomate	→	keine Tomaten

Im Korb sind	Im Korb sind **keine**
Äpfel	*Brötchen*
...	...

C3   **Suchen Sie im Wörterbuch und ergänzen Sie.**

a	ein Fisch	viele *Fische* ....
b	ein Joghurt	viele ....
c	ein Brot	viele ....
d	ein Kuchen	viele ....
e	ein Saft	viele ....

der **Fisch** [fiʃ]; -[e]s, -e: 1.
(Zoo) ein Tier mit Flossen,
Kiemen und Schuppen,
das im Wasser lebt

Auf Bild A sind drei Flaschen *fan-fit*,
auf Bild B sind zwei Flaschen *fan-fit*.

🔁 **C4**   **Suchbild: Sprechen Sie.**

A

B

D1 — Zahlen: Hören Sie und ordnen Sie zu.

a	0,20 €	dreißig Cent	f	0,70 €	siebzig Cent
b	0,30 €	sechzig Cent	g	0,80 €	hundert Cent / ein Euro
c	0,40 €	zwanzig Cent	h	0,90 €	achtzig Cent
d	0,50 €	fünfzig Cent	i	1,00 €	neunzig Cent
e	0,60 €	vierzig Cent			

80
achtzig

85
fünfundachtzig

21
einsundzwanzig

D2 — Wie viel kostet ...? Hören Sie und kreuzen Sie an.

a ☒ Brötchen: 0,85 € ☐ Brötchen: 0,80 € ☐ Brötchen: 0,40 €
b ☐ Bananen: 0,99 € ☐ Bananen: 1,99 € ☐ Bananen: 2,99 €
c ☐ Mineralwasser: 0,20 € ☐ Mineralwasser: 0,40 € ☐ Mineralwasser: 0,42 €
d ☐ Obst: 0,89 € ☐ Obst: 0,21 € ☐ Obst: 0,98 €

D3 — Sehen Sie den Prospekt an. Fragen Sie und antworten Sie.

Aus unserer Lebensmittelabteilung
Sonderangebote

500 g 1,53 €
Butter 1,29 €
Rindfleisch 1 kg 6,99 €
3,99 € IDEE KAFFEE CLASSIC
100 g 1,89 €
Saft 1 l 0,79 €

Kuchen 1,02 €
Frische fettarme Milch 1 l 0,75 € 1,5%
ORYZA NATUR REIS 2,35 €
ja! 100 g 0,65 €
Kräftige Schwarztee Mischung 200 g 2,89 €
Jodsalz 0,55 €

0,19 €
SCHINKEN WURST 1,68 €
1,78 €
0,25 €
1 kg 1,99 €
Geschälte Tomaten 0,49 €

▲ Was kosten 100 Gramm Käse?
● 100 Gramm Käse kosten ...
▲ Wie viel kostet ein Kilo Rindfleisch?
● ...

1 kg = ein Kilo	eine Flasche Saft	Was kostet ... ? = Wie viel kostet ... ?
100 g = 100 Gramm	eine Packung Tee	Was kosten ... ? = Wie viel kosten ... ?
500 g = ein Pfund	eine Dose Tomaten	
1 l = ein Liter	ein Becher Joghurt	

E1 CD 1 27 **Wer sagt das? Hören Sie und kreuzen Sie an.**

		Verkäuferin	Kundin
a	Bitte schön?	☐	☐
b	Ein Kilo Kartoffeln, bitte.	☐	☐
c	Sonst noch etwas?	☐	☐
d	Ich brauche ein Pfund Äpfel.	☐	☐
e	Haben Sie Bananen?	☐	☐
f	Ja. Möchten Sie Bananen?	☐	☐
g	Was kostet ein Kilo?	☐	☐
h	1 Euro 69.	☐	☐
i	Nein, danke. Das ist alles.	☐	☐
j	Das macht dann 2 Euro 38.	☐	☐

Kundin   Verkäuferin

E2 **Schreiben Sie ein Gespräch.**

▸*Verkäuferin*

Bitte schön?
Kann ich Ihnen helfen?
Was/Wie viel möchten Sie?
(Möchten Sie) sonst noch etwas?
Wir haben kein(e) ... mehr.
(Das macht dann) ... Euro ... ◀

ich	möchte
du	möchtest
er/sie	möchte
wir	möchten
ihr	möchtet
sie/Sie	möchten

▸*Kunde/Kundin*

Ich möchte	*ein Kilo Äpfel.*
Ich hätte gern	*ein Pfund Salz.*
Ich brauche	*zwei, drei Brötchen.*
	...
Haben Sie	*Eier?*
Wo finde ich	*Salz?*
	...

Was kostet ein Kilo Tomaten?
Wie viel kostet ein Liter Milch?
Was kosten 100 g Rindfleisch?
...

Ein Kilo. / Ein Pfund. / Zwei, drei, vier ...
Ja, bitte. / Nein, danke. Das ist alles. ◀

E3 **Rollenspiel: Spielen Sie Gespräche.**

In der Bäckerei

Verkäufer/Verkäuferin
Ein Brötchen kostet 18 Cent.

In der Bäckerei

Kunde/Kundin
Sie möchten 10 Brötchen
kaufen.

Im Obstladen

Verkäufer/Verkäuferin
1 Kilo Tomaten kostet 1,99 €.
Sie haben keine Orangen mehr.

Im Obstladen

Kunde/Kundin
Sie möchten 1 Kilo Tomaten
und 6 Orangen kaufen.

In der Metzgerei

Verkäufer/Verkäuferin
1 Kilo Fleisch kostet 4,69 €,
1 Kilo Fisch kostet 5,19 €.

In der Metzgerei

Kunde/Kundin
Sie möchten 1 Kilo Fleisch
und 1 Kilo Fisch kaufen.

Grammatik

1 Ja-/Nein-Frage

Frage			Antwort
Position 1			
Kennen	Sie	*fan-fit*?	Ja.
Brauchen	wir	Salz?	Nein.

2 Fragen: Ja-/Nein-Frage und W-Frage

Frage			Antwort
	Position 2		
Was	brauchen	Sie?	Salz.
Brauchen	Sie	Salz?	Ja./Nein.

3 Artikel: unbestimmter Artikel und Negativartikel

			unbestimmter Artikel		Negativartikel	
Singular	maskulin	Das ist	ein	Apfel.	kein	Apfel.
	neutral	Das ist	ein	Ei.	kein	Ei.
	feminin	Das ist	eine	Tomate.	keine	Tomate.
Plural		Das sind	–	Tomaten.	keine	Tomaten.

4 Nomen: Singular und Plural

Singular		Plural		Singular		Plural	
ein	Apfel	–	Äpfel	kein	Apfel	keine	Äpfel
ein	Ei	–	Eier	kein	Ei	keine	Eier
ein	Brötchen	–	Brötchen	keine	Tomate	keine	Tomaten
eine	Tomate	–	Tomaten				
ein	Joghurt	–	Joghurts				

5 Verb: Konjugation

	„möchten"
ich	möchte
du	möchtest
er/sie	möchte
wir	möchten
ihr	möchtet
sie/Sie	möchten

Wichtige Wörter und Wendungen

Lebensmittel: Apfel, Kuchen, Reis …

ein Apfel – Äpfel • eine Banane – Bananen •
ein Brot – Brote • ein Brötchen – Brötchen •
ein Ei – Eier • ein Getränk – Getränke •
ein Joghurt – Joghurts • eine Kartoffel – Kartoffeln •
ein Kuchen – Kuchen • eine Orange – Orangen •
eine Tomate – Tomaten

Bier • Fisch • Fleisch • Gemüse • Kaffee • Käse •
Milch • (Mineral)Wasser • Obst • Reis • Sahne • Saft •
Salz • Schokolade • Tee • Wurst • Wein

Nachfragen: Auf Deutsch?

Was ist das? – Das ist ein Apfel.
Das ist doch kein Apfel.
Ist das ein Apfel? – Ja./Nein.
Wie heißt das auf Deutsch? – Apfel.
Kennen Sie schon *fan-fit*? – Nein. Was ist das?

Beim Einkaufen: Fragen und Antworten

Bitte schön?	Ich möchte ⎱
Kann ich Ihnen helfen?	Ich hätte gern ⎰ ein Pfund Salz.
Was / Wie viel möchten Sie?	Ich brauche ⎰
Wir haben kein(e) … mehr.	Wo finde ich Salz? / Haben Sie Salz?
(Möchten Sie) sonst noch etwas?	Was / Wie viel kostet ein Kilo Tomaten?
	Ja, bitte. / Nein, danke. Das ist alles.

Mengenangaben: Wie viel möchten Sie?

Wie viel möchten Sie? – Ein Kilo.

ein Becher Joghurt • eine Dose Tomaten •
ein Kilo Tomaten • ein Pfund Salz •
eine Flasche Wein • 100 Gramm Käse •
ein Liter Milch • eine Packung Tee

Preise: Was kostet das?

Wie viel kostet / Was kostet ein Pfund
Rindfleisch? – Das macht / Das kostet
2 Euro 60. 100 Gramm Käse kosten
1 Euro 10.

0,10 € = zehn Cent
1,00 € = ein Euro
1,10 € = ein Euro zehn

Strategien

Wie bitte?
Ja, vielleicht.
Ja, bitte.
Nein, danke.

FOLGE 4: *SARA HAT HUNGER*

<u>**1**</u>   **Zeigen Sie.**
ein Haus ● ein Bad ● ein Zimmer ● eine Wohnung

<u>**2**</u>   **Groß oder klein? Zeigen Sie.**

CD 1 28   <u>**3**</u>   **Sehen Sie die Fotos an und hören Sie.**

4   Was passt? Kreuzen Sie an.

	Foto							
	1	2	3	4	5	6	7	8
a								
b			X					
c								
d								
e								

a   Ist es nicht besser, wir sagen „Du"?
b   Papa, ich habe Hunger. Und ich habe Durst.
c   Wie gefällt Ihnen die Wohnung?
d   Das Bad ist dort. Aber Vorsicht! Es ist auch sehr klein.
e   Borschtsch schmeckt total gut!

5   Hören Sie noch einmal und ergänzen Sie.

Niko sagt: Herr Schneider, Frau Schneider: ......*Sie*......
            Tina, Bruno: ....

CD 1 29 🔊 **A1**   **Hören Sie noch einmal und variieren Sie.**

■ Wo ist denn das Bad?
◆ Das Bad ist dort.

Varianten:

der	das	die
Balkon	Bad	Küche
Flur	Wohnzimmer	Toilette

das Kinderzimmer

die Toilette

das Schlafzimmer

der Balkon

das Bad

der Flur

das Wohnzimmer

die Küche

CD 1 30 🔊 **A2**   **Hören Sie und variieren Sie.**

▲ Sagen Sie mal, ist hier auch eine Küche?
● Ja, natürlich. Die Küche ist dort.
◆ Und was ist das? Das Bad?
● Nein, das ist nicht das Bad.
   Das ist die Toilette!

Wo?	Hier.
	Dort.

Varianten:
der Balkon – das Schlafzimmer – das Kinderzimmer ●
das Bad – das Wohnzimmer – das Schlafzimmer

ein Balkon ➜ der Balkon
ein Bad ➜ das Bad
eine Küche ➜ die Küche

🔁 **A3**   **Meine Wohnung: Zeichnen Sie und sprechen Sie.**

Das ist meine Wohnung.
Das ist die Küche.
Das Bad ist hier.
Das Wohnzimmer ist ...

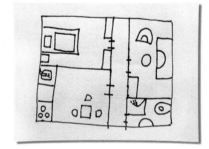

B1 Ordnen Sie. Hören Sie dann und vergleichen Sie.

☐ Stimmt, es ist sehr klein.
☑ Na? Wie gefällt Ihnen die Wohnung?
☐ Das Zimmer ist nicht groß.
☐ Ganz gut. Und was meinst du, Bruno?

B2 Vergleichen Sie.

neu	alt
billig	teuer
groß	klein
breit	schmal
schön	hässlich
hell	dunkel

Haus **A** :
Das Haus ist billig.
Das Haus ist nicht ...
Das Haus ist sehr ...
...

Haus **B** :
Das Haus ist teuer.
Das Haus ist nicht ...
...

B3 Hören Sie und variieren Sie.

▲ Wie gefällt Ihnen das Bad?
● Das Bad? Es ist sehr klein.
▲ Was? Das Bad ist doch nicht klein.
　Es ist groß.

Das Bad ist	klein.
	sehr klein.
	nicht klein.

das Bad	→	es
der Balkon	→	er
die Wohnung	→	sie

Varianten:

die Küche – sie – alt – neu ● der Balkon – er – schmal – breit ●
die Wohnung – sie – teuer – billig ● das Wohnzimmer – es – hässlich – schön

B4 Satz-Puzzle: Machen Sie Sätze.

Das Haus ・ ist ・ sehr ・ schön
Die Wohnung ・ ist ・ groß ・ Das Zimmer
hässlich ・ klein ・ Die Küche ・ nicht
neu ・ schmal ・ gut ・ billig
Das Bad ・ teuer ・ Das Schlafzimmer ・ schön
alt ・ sehr ・ lang ・ Der Balkon

4 C   Ich habe nicht viele **Möbel**.

C1 Was ist was? Ordnen Sie zu.

der Herd ● der Schrank ● der Kühlschrank ● das Sofa ● der Tisch ●
der Stuhl ● das Bett ● der Fernseher ● die Waschmaschine ● die Dusche ●
die Lampe ● die Badewanne ● das Waschbecken

Möbel

1 *der Schrank*
☐ ....
☐ ....
☐ ....
☐ ....

Elektrogeräte

☐ ....
☐ ....
☐ ....
☐ ....
10 *die Lampe*

das Bad

11 *die Dusche*   ☐ ....   ☐ ....

C2 Sehen Sie das Bild oben an und sprechen Sie.

Wie gefallen Ihnen die Stühle?

Gut. Sie sind sehr schön.

☺ sehr gut / gut

☺ ganz gut / es geht

☹ nicht so gut

Wie gefällt Ihnen der Herd hier?

Nicht so gut. Er ist hässlich.

der Stuhl	→	die	Stühle
der Schrank		zwei	Schränke
der Tisch			Tische
die Lampe			Lampen
das Bett			Betten
das Sofa			Sofas
—			Möbel

Wie gefällt   Ihnen   der Schrank?
Wie gefallen Ihnen   die Schränke?

C3 Rätsel: Was ist das?

Suchen Sie und zeigen Sie auf dem Bild oben.

Was ist das? Sie sind breit und gelb.

Ich glaube, das sind die Stühle hier.

Farben

schwarz weiß
grau   rot
blau   gelb
grün   braun

D1   **Hören Sie noch einmal und ergänzen Sie.**

● Was kostet denn die .... ?

▲ Sie ist nicht ....: 650 Euro im Monat.

● Das ist aber .... !

D2   **Hören Sie und sprechen Sie nach.**

100	200	300	400	500
hundert	zweihundert	dreihundert	vierhundert	fünfhundert

600	700	800	900	1.000
sechshundert	siebenhundert	achthundert	neunhundert	tausend

10.000	100.000	1.000.000	
zehntausend	hunderttausend	eine Million	

D3   **Welche Zahlen hören Sie? Kreuzen Sie an.**

a ☒ 100   b ☐ 2255   c ☐ 240   d ☐ 6973   e ☐ 89000   f ☐ 160000
☐ 110   ☐ 2055   ☐ 340   ☐ 7972   ☐ 88000   ☐ 600000

D4   **Diktieren Sie Zahlen und schreiben Sie.**

1 qm/1m²
= ein Quadratmeter

D5   **Was kosten die Wohnungen? Markieren Sie die Mietpreise.**

Mietmarkt

a !!Suche 2-Zi-Wohnung bis 1000,– €,
Westbalkon, Duisburg-Nord,
Tel. 0175/657 80 57 37!!

b Super: 3-Zimmer-Wohnung,
13. Stock, ca. 60 m², Küche, Bad,
von privat, 550 Euro,
08161/88 75 80, ab 19 Uhr

1-Zi-Wohnung, möbliert, Balkon,   c
TV, Kühlschrank etc., 588,– € +
Garage, Tel. 0179/201 45 93

Mann (35) sucht Wohnung für   d
1 Jahr, Bochum Süd,
Tel. 0179/ 770 22 61

Apartment, 36 m², großer Wohn-   e
raum, neue Küche, 440,– €, Nebenkosten 60,– €, 3 Monatsmieten
Kaution, Tel. 23 75 95

D6   **Sie suchen eine Wohnung. Welche Anzeige passt?**

a Sie haben keine Familie und Sie haben keine Möbel. *Anzeige c*

b Sie möchten nur 400 bis 500 Euro Miete bezahlen. ....

c Sie möchten eine Wohnung mit Balkon mieten. ....

d Sie brauchen drei Zimmer. ....

E1   Sehen Sie das Bild an. Was meinen Sie: wer kauft, wer verkauft?

CD 1 36 **E2**   **Hören Sie und kreuzen Sie an.**

a   Wer verkauft etwas?   ☐ Frau Baumann   ☐ Herr Welker   ☐ Paul Heyse
b   Was verkauft sie/er?   ☐ Computertisch   ☐ Computer   ☐ Schreibtisch

CD 1 36 **E3**   **Hören Sie noch einmal und ergänzen Sie.**

Computertisch – groß, sehr guter Zustand, 60,– €, Tel. 0911/83 81 29	1 Meter = 100 Zentimeter 1 m = 100 cm

Welker.

> Guten Abend, hier ist Monika Baumann.
> Ist der .... aus der Anzeige noch da?

Ja.

> Wie .... ist er denn?

Ungefähr zwei Meter lang
und sechzig Zentimeter breit.

> Prima. Und er kostet ...., richtig?

Ja, genau.

> Wo wohnen Sie denn?

In der Paul-Heyse-Straße 41.

> Ist das in der Stadt?

Ja, am Hauptbahnhof.

> Aha, gut. Sind Sie heute zu Hause?

Ja, ich bin da.

> Gut, dann komme ich gleich. In Ordnung?

Ja, gern. Danke für den Anruf.

E4   **Schreiben Sie ein Telefongespräch wie oben. Spielen Sie die Gespräche.**

Sofa
Preis: 150 €
Tel: 97 35 63

Fernseher
wie neu, Tel: 71 49 37

Kühlschrank
gebraucht, Marke Bosch
Handy: 0174/335 78 65

Guten Abend. Ist ... noch da?   *Ja. / Nein.*
Wie groß/alt/breit/hoch ... ist es/er denn?   *Ungefähr ... Zentimeter/Meter breit / ...*
                                 Ungefähr ein Jahr / zwei Jahre alt.
Was kostet es/er denn?   *... Euro.*
Wo wohnen Sie denn?   *In der ...straße.*
Sind Sie heute zu Hause?   *Ja, ich bin da. / Nein, ich bin nicht da.*

Grammatik

1 Artikel

Singular		bestimmter Artikel
maskulin	Hier ist	der Balkon.
neutral	Hier ist	das Bad.
feminin	Hier ist	die Küche.
Plural	Hier sind	die Kinderzimmer.

2 Personalpronomen

Singular		Personal-pronomen
maskulin	Der Balkon?	Er ist dort.
neutral	Das Bad?	Es ist dort.
feminin	Die Küche?	Sie ist dort.
Plural	Die Kinderzimmer?	Sie sind dort.

3 Negation

Der Stuhl ist **nicht** schön.

Das ist doch **kein** Stuhl. Das ist ein Sofa.

4 Nomen: Wortbildung

der Schrank:	der	Kühlschrank
das Zimmer:	das	Wohnzimmer
die Maschine:	die	Waschmaschine

Wichtige Wörter und Wendungen

Nach dem Ort fragen: Wo ist ... ?

Wo ist das Bad?	Hier./Dort.
Ist hier auch ein Bad?	Ja. Dort.
	Das Bad ist hier.

Gefallen/Missfallen: Wie gefällt Ihnen ... ?

Wie gefallen Ihnen die Stühle?
Wie gefällt Ihnen die Wohnung?

Sehr gut. • Gut. • Ganz gut. •
Es geht. • Nicht so gut.

Zustimmung

Er kostet 60 Euro, richtig? –
Ja, genau. • (Das) stimmt. • Ja, richtig.

Farben

blau • braun • gelb • grau • grün •
rot • schwarz • weiß

Beschreiben: Wie ...?

Wie ist das Bad? – Es ist groß /
nicht groß / sehr groß.
Wie groß ist der Tisch? –
Ungefähr zwei Meter breit.
Wie alt ist der Tisch? –
Ungefähr zwei Jahre alt.
alt • billig • breit • dunkel •
groß • hässlich • hell •
hoch • klein • kurz • lang •
neu • schmal • schön • teuer

Haus / Wohnung

das Bad – die Bäder • der Balkon – die Balkone •
der Flur – die Flure • die Garage – die Garagen •
das Kinderzimmer – die Kinderzimmer • die Küche –
die Küchen • das Schlafzimmer – die Schlafzimmer •
der Stock – die Stockwerke • die Toilette – die
Toiletten • das Wohnzimmer – die Wohnzimmer •
das Zimmer – die Zimmer

In der Wohnung: Möbel, Elektrogeräte, Bad

die Badewanne – die Badewannen •
das Bett – die Betten • die Dusche – die Duschen •
der Fernseher – die Fernseher •
der Herd – die Herde •
der Kühlschrank – die Kühlschränke •
die Lampe – die Lampen •
der Schrank – die Schränke • das Sofa – die Sofas •
der Stuhl – die Stühle • der Tisch – die Tische •
das Waschbecken – die Waschbecken •
die Waschmaschine – die Waschmaschinen

Eine Wohnung suchen

die Kaution • die Miete •
mieten • die Monatsmiete •
möbliert • die Nebenkosten •
2-Zimmer-Wohnung •
60 m^2 (= Quadratmeter) •
von privat

Strategien

Vorsicht!
Na?
Sagen Sie mal, ...
In Ordnung?

FOLGE 5: *NUR EIN SPIEL!*

1 **Sehen Sie die Fotos an.**
  Was meinen Sie?
  Wer ist müde?

2 **Was ist richtig? Kreuzen Sie an.**

  ☐ Bruno spielt mit Tina.
  ☐ Bruno und Tina spielen mit Sara.
  ☐ Sara spielt mit Schnuffi und Poppel.

CD 1 37 ⊡ 3 **Sehen Sie die Fotos an und hören Sie.**

4 Was passt? Ordnen Sie zu.

☑ C Ich kaufe im Supermarkt ein.

☐ Am Nachmittag mache ich Hausaufgaben.

☐ Ich stehe von Montag bis Freitag um 5 Uhr auf.

☐ Am Morgen mache ich das Frühstück.

☐ Von 7 Uhr morgens bis 7 Uhr abends arbeite ich im Laden.

☐ Ich bin am Vormittag in der Schule.

A1 **Hören Sie noch einmal und variieren Sie.**

▲ Bitte Mama, nur ein Spiel!
● Nein, heute nicht mehr.
Es ist schon neun Uhr.
▲ Ach bitte!

Varianten:

| 8 Uhr | halb 10 | Viertel nach 9 | Viertel vor 10 |

5 vor ... 5 nach ...
10 vor ... 10 nach ...
Viertel vor ... Viertel nach ...
20 vor ... 20 nach ...
5 nach halb ... 5 vor halb ...
halb ...

A2 **Hören Sie und ordnen Sie zu.**

A   B   C   D

Text	1	2	3	4
Bild	A			

Man schreibt:	Man sagt:
01.00 Uhr/13.00 Uhr	ein Uhr / eins
01.15 Uhr/13.15 Uhr	Viertel nach eins
01.30 Uhr/13.30 Uhr	halb zwei
01.45 Uhr/13.45 Uhr	Viertel vor zwei

A3 **Hören Sie noch einmal und schreiben Sie die Uhrzeit.**

zwanzig nach sieben. ....

A4 **Wie spät ist es? Schreiben Sie.**

a 7.04 Uhr *kurz nach sieben* ....

b 6.57 Uhr ....

c 11.02 Uhr ....

d 8.59 Uhr ....

9.58 Uhr = (Es ist) kurz vor zehn /
gleich zehn.

10.02 Uhr = (Es ist) kurz nach zehn.

A5 **Zeichnen Sie und fragen Sie.**

Wie spät ist es?   Es ist fünf vor halb eins.

Ich **räume** die Wohnung **auf**.

B1 Ordnen Sie zu.

Bruno steht früh auf. ● Tina macht das Frühstück. ● Bruno arbeitet. ● Sara ruft Niko an. ●
Sara spielt. ● Tina kauft im Supermarkt ein. ● Tina räumt die Wohnung auf. ● Tina kocht das
Mittagessen. ● Bruno sieht fern.

A
....

F

Tina räumt die Wohnung auf.

B
....

G

Bruno sieht fern.

C
....

H

D
....

I

E
....

auf stehen
Bruno steht früh auf.

ein kaufen
Tina kauft im Supermarkt ein.

B2 Was macht Frau Bond? Hören Sie und sprechen Sie.

> Frau Bond steht auf. Sie …

| ich | sehe | fern | ich | arbeite |
| er/sie | sieht | fern | er/sie | arbeitet |

B3 Fragen Sie Ihre Partnerin / Ihren Partner.

früh auf stehen ● die Wohnung auf räumen ● fern sehen ● kochen ●
Fußball spielen ● arbeiten ● meine Eltern an rufen ● ein kaufen ● …

▲ Was machst du gern?
● Ich koche gern und ich kaufe gern ein.
▲ Aha, und was machst du nicht gern?
● Ich sehe nicht gern fern.

☺   ☹
gern   nicht gern

B4 Sprechen Sie über Ihre Partnerin / Ihren Partner.

CD 1 41

C1   Hören Sie und ergänzen Sie.

M ä r z
12
Montag

13
Dienstag

14
Mittwoch

15
Donnerstag

16
Freitag

Bruno steht von ...*Montag*....... bis *Freitag* um .... auf.

Tina steht am .... um zehn Uhr auf.

Sara steht am .... spät auf, erst um ....

CD 1 42

C2   Hören Sie und variieren Sie.

▲ Haben Sie am Samstag Zeit?
● Ja. Warum?
▲ Ich habe Geburtstag und mache eine Party. Kommen Sie auch?
● Ja, gerne. Wann fängt die Party denn an?
▲ Um sieben Uhr.

Varianten:
Sonntag – halb vier ● Freitag – halb acht ● Samstag – neun Uhr

M ä r z
17
Samstag

M ä r z
18
Sonntag

Wann ...? **Am Sonntag.**
           Um 8 Uhr.

CD 1 43

C3   Hören Sie und kreuzen Sie an.

Der Intensivkurs ist   ☐ von neun bis zwölf Uhr.
                      ☐ von acht bis zwölf Uhr.

Der Abendkurs ist   ☐ am Montag und Freitag.
                   ☐ am Montag und Mittwoch.

Der Abendkurs ist   ☐ von sechs bis halb neun.
                   ☐ von sechs bis halb acht.

Wann ...? **Von Montag bis** Freitag.
          Von neun bis zwölf Uhr.

C4   Valentinas Woche: Schreiben Sie und sprechen Sie.

Mo	Di	Mi	Do	Fr	Sa
14-15 Uhr Hausaufgaben machen	*16-18 Uhr Hausaufgaben machen*	*16-18 Uhr Hausaufgaben machen*	*14-16 Uhr einkaufen mit Daniela*	*17 Uhr Zimmer aufräumen*	*11 Uhr Hannes kommt!!!*
15.30 Uhr Fußball spielen mit Thomas		*19.30 Uhr Hannes anrufen*			

Montag: Valentina macht von zwei bis drei Uhr Hausaufgaben.

C5   Im Kurs: Fragen Sie Ihre Partnerin / Ihren Partner.

Wann gehen Sie am Montag ins Bett?   Um 11 Uhr.   Und wann stehen Sie auf?

| am Morgen | am Vormittag | am Mittag | am Nachmittag | am Abend | in der Nacht |

D1   **Hören Sie das Gespräch. Ordnen Sie dann zu: Was macht Robert wirklich?**

Pizza essen ● Sofia anrufen ● ins Kino gehen ● Musik hören ● spazieren gehen ● fernsehen

■ Robert, wann kommst du morgen?

◆ Ach, Mama, ich komme nicht. Ich habe keine Zeit. Morgen arbeite ich den ganzen Tag. Am Abend kaufe ich noch ein und habe Englischkurs.

A   ...Musik hören...

B   ....

C   ....

F   ....

D   ....

E   ....

D2   **Was macht Robert wann? Sprechen Sie.**

Robert hört	am Morgen	Musik.
Robert sieht	am Vormittag	...
Robert ...	am Mittag	
...	am Nachmittag	
	am Abend	
	in der Nacht	

ich   esse
er/sie   isst

D3   **Schreiben Sie.**

Am Morgen hört Robert Musik.   Am Nachmittag ...
Am Vormittag ...   Am Abend ...
Am Mittag ...   In der Nacht ...

Robert   hört *am Morgen* Musik.
=
Am Morgen   hört Robert Musik.

D4   **Ihr Tag: Erzählen Sie.**

Ich stehe jeden Morgen um sieben Uhr auf.
Um ... frühstücke ich.
Von ... bis ...

Montag bis Sonntag = jeden Tag
auch so: jeden Morgen
jeden Abend
jede Nacht

E1   Wann ist geöffnet? Lesen Sie die Schilder und markieren Sie.

A

Arztpraxis
Frau Dr. Annette Krönke

Sprechstunde
Montag bis Donnerstag
8.30 bis 16.30 Uhr,
Freitag 9.00 bis 12.00 Uhr

B

Fitness-Studio Outfit

Öffnungszeiten:
Mo bis Fr 9.30 bis 23.00 Uhr
Sa 9.00 bis 16.00 Uhr
So 9.00 bis 12.30 Uhr

C

Arbeitsamt

Geschäftszeiten
Mo – Mi 8.00 – 16.00 Uhr
Do   7.30 – 18.00 Uhr
Fr   8.00 – 13.30 Uhr

D

Friseursalon Erna

geöffnet:
Di–Fr, 9 – 18.30 Uhr
Sa 8 – 13 Uhr

CD 1 45

E2   Hören Sie und ordnen Sie zu.

Ansage	1	2	3	4
Schild	B			

CD 1 46

E3   Hören Sie und ergänzen Sie.

Touristeninformation der Hansestadt Hamburg

Öffnungszeiten: Mo– ___ 9.00 – ___ Uhr
1___ – ___ Uhr
Sa 8.00 – ___ Uhr

Öffnungszeiten:

Mo– ___Fr.___: 9.00   – .... Uhr
1............. – .... Uhr
Sa: 8.00   – .... Uhr

offiziell (Bahnhof, Arbeitsamt, Kino, Nachrichten ...):		privat (Familie, Freunde):
14:30	vierzehn Uhr dreißig	halb drei
14:45	vierzehn Uhr fünfundvierzig	Viertel vor drei

E4   Ordnen Sie zu.

	offiziell		privat
a	zwölf Uhr fünf	20:50	zehn vor neun
b	zwanzig Uhr fünfzig	23:15	halb sieben
c	achtzehn Uhr dreißig	10:35	zwanzig vor elf
d	zweiundzwanzig Uhr vierzig	12:05	Viertel nach elf
e	dreiundzwanzig Uhr fünfzehn	18:30	fünf nach halb elf
f	zehn Uhr fünfunddreißig	22:40	fünf nach zwölf

Grammatik

1 Trennbare Verben

auf räumen → Tina räumt auf.
auf stehen → Bruno steht auf.
ein kaufen → Sara kauft ein.

2 Trennbare Verben im Satz

	Position 2		Ende
Tina	räumt	die Wohnung	auf.
Bruno	steht	jeden Tag um 5 Uhr	auf.
Sara	kauft	mit Tina	ein.

3 Temporale Präpositionen

Wann gehen Sie zum Deutschkurs?

Am Morgen. → Tageszeit
aber: in der Nacht

Am Montag. → Tag
Um Viertel vor/nach acht. → Uhrzeit
Von Montag bis Freitag.

4 Verb: Konjugation

	arbeiten	fernsehen	essen
ich	arbeite	sehe fern	esse
du	arbeitest	siehst fern	isst
er/es/sie	arbeitet	sieht fern	isst
wir	arbeiten	sehen fern	essen
ihr	arbeitet	seht fern	esst
sie/Sie	arbeiten	sehen fern.	essen

5 Verb: Position im Hauptsatz

	Position 2	
Robert	hört	*am Morgen* Musik.
Am Morgen	hört	Robert Musik.

Wichtige Wörter und Wendungen

Uhrzeit: Wie spät ist es?

Wie spät ist es? –
(Es ist) achtzehn Uhr dreißig. /
Es ist halb 7.

Öffnungszeiten: (Von wann bis) wann ist geöffnet?

Wann ist die Praxis geöffnet? –
Von 8 Uhr 30 bis 16 Uhr 30.

der Tag: der Morgen, ...

der Morgen • der Vormittag •
der Mittag • der Nachmittag •
der Abend • die Nacht

die Woche: Montag, ...

der Montag • der Dienstag •
der Mittwoch • der Donnerstag •
der Freitag • der Samstag •
der Sonntag

jeden Montag/jeden Morgen
den ganzen Tag

Tagesablauf: Aktivitäten

an rufen • arbeiten • auf räumen • auf stehen •
ein kaufen • essen • fern sehen • Frühstück machen •
(Fußball) spielen • Hausaufgaben machen •
kochen • Musik hören • spazieren gehen •
in die Schule/ins Bett/zum Deutschkurs gehen

Vorlieben: Was machst du (nicht) gern?

Ich koche gern.
Ich arbeite nicht gern.

Verabredung: Haben Sie Zeit?

Haben Sie am Samstag Zeit? –
Ja. Warum? / Nein, ich habe keine Zeit.
Kommen Sie auch? – Ja, gerne. Wann denn?

Strategien

Aha!
Ja, gern(e).

FOLGE 6: *GRILL-COLA*

1   **Sehen Sie die Fotos an. Kreuzen Sie an.**

a   Was macht die Familie?
      ☐ Eine Party.   ☐ Ein Picknick.

b   Wo ist die Familie?
      ☐ Im Park.   ☐ Im Garten.

c   Wie ist das Wetter?
      ☐ Die Sonne scheint.   ☐ Es regnet.

2   **Zeigen Sie: Wo ist ... ?**
Kohle ● Cola

<table>
<tr><td>🔊</td><td><u>3</u></td><td colspan="4">**Sehen Sie die Fotos an und hören Sie.**</td></tr>
</table>

<u>4</u> **Was ist richtig? Kreuzen Sie an.**

<u>a</u>	Was macht Familie Schneider heute?	☐ eine Party	☒ ein Picknick	☐ ein italienisches Essen
<u>b</u>	Was hat Tina dabei?	☐ Salat	☐ Käse	☐ Tomaten
<u>c</u>	Was hat Bruno dabei?	☐ Tee	☐ Apfelsaft	☐ Cola
<u>d</u>	Was möchte Sara trinken?	☐ Wasser	☐ Apfelsaft	☐ Cola
<u>e</u>	Was braucht die Familie?	☐ Kohle	☐ Cola	☐ Wasser
<u>f</u>	Was bringt Niko mit?	☐ Kohle	☐ Wasser	☐ Cola

A1 Ordnen Sie zu.

☐ Es regnet. B Es sind 25 Grad. Es ist warm. ☐ Die Sonne scheint. ☐ Es ist windig.
☐ Es sind nur 7 Grad. Es ist kalt. ☐ Es schneit.

A	B	C	D	E	F

A2 Ordnen Sie. Hören Sie dann und vergleichen Sie.

CD 1 48

1 Wie ist denn das Wetter?
☐ Es regnet gar nicht. Hier guck mal: Die Sonne scheint.
☐ Nicht so schön. Es regnet.
☐ Also kein Picknick heute. Sehr gut!

Wie ist das Wetter?
☺   ☹
Gut.   Schlecht.
Schön.   Nicht so gut/
          schön.

A3 Sehen Sie die Karte an. Fragen Sie und antworten Sie.

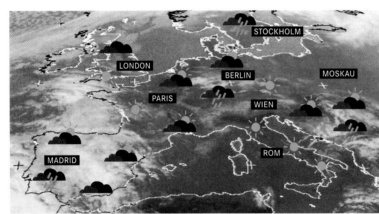

■ Wie ist das Wetter in Italien?
◆ Gut. Die Sonne scheint.
■ Und in England?
◆ Im Norden ist es bewölkt.
  Im Süden scheint die Sonne.

im Norden   im Süden
im Osten   im Westen

A4 Klassenplakat: Sprechen Sie über Ihr Land.

Wie ist das Wetter
in der Ukraine?

Im Sommer haben wir circa 25 Grad,
im Winter minus 5 Grad oder so.

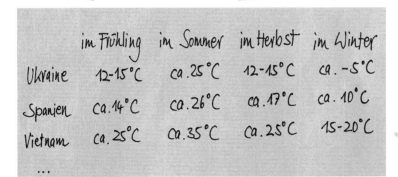

der Frühling   der Sommer

der Herbst   der Winter

Und wo ist der Salat? Hast du **den** Salat? | B

6

B1 **Hören Sie noch einmal und variieren Sie.**

▲ Und wo ist der Salat? Hast du den Salat?
● Ja, den habe ich auch.

Varianten:
der Fisch – den Fisch – den ● das Brot – das Brot –
das ● die Cola – die ... – die ● der Apfelsaft – ... ●
das Wasser – ... ● die Getränke – ...

Wo *ist*	der Salat?	Ich *habe*	den Salat.
	das Salz?		das Salz.
	die Milch?		die Milch.
sind	die Getränke?		die Getränke.

B2 **Ergänzen Sie. Hören Sie dann und vergleichen Sie.**

a Und wo ist der Käse? Wir brauchen doch Käse!
Oje, ich habe ja .....*den*........ Käse vergessen.

b Soso, und der Tee?
Oje, ich habe ja auch .... Tee
vergessen.

c Aha, und das Fleisch?
Oje, ich habe .... vergessen.

d So, und die Kartoffeln?
Tut mir leid, aber ich habe auch
.... vergessen.

e Ja, und wo ist der Wein?
Oh nein, ich habe leider auch
.... vergessen.

f Gut. Aber das Salz?
Also, ... habe ich auch vergessen. Zu dumm. Aber schau, hier
ist die Schokolade. .... Schokolade habe ich nicht vergessen.

B3 **Fragen Sie und antworten Sie.**

■ Entschuldigen Sie, wo finde ich den Apfelsaft?
◆ Den Apfelsaft? Der ist dort.

B4 **Planen Sie eine Grillparty.**

Fleisch
Wein
...

Wer kauft das Fleisch?
Und wer kauft den Wein?

Ich kaufe das Fleisch.

Ich kaufe den Wein.

Fleisch → Paolos
Wein → Tatjana
...

CD 1 51 **C1** **Hören Sie und variieren Sie.**

▲ Sag mal, hast du den Salat dabei? ▲ Sag mal, hast du das Brot nicht dabei?
● Ja, da ist er. ● Doch, da ist es.

Varianten:

Hast du das Brot dabei? Ja./Nein.
Hast du das Brot nicht dabei? Doch./Nein.

CD 1 52 **C2** **Hören Sie und antworten Sie.**

CD 1 53 **C3** **Hören Sie Gespräch a und ergänzen Sie dann b, c und d.**

a
▲ Möchten Sie einen Tee?
● Ja, ich trinke gern einen Tee.
▲ Ach, Sie möchten keinen Tee?
● Doch! Ich trinke gern einen Tee.

b
▲ Möchten Sie einen Apfelsaft?
● Ja, ...*ich trinke gern*............... einen Apfelsaft.
▲ Ach, Sie möchten keinen Apfelsaft?
● ....! ....
einen Apfelsaft.

c
▲ .... eine Cola?
● Ja, ...
▲ Ach, Sie möchten keine ....?
● ....! ....

d
▲ .... ein Wasser?
● Ja, ...
▲ Ach, ... auch
kein ....?
● ....! ....

Ich möchte (k)einen Tee.
(k)ein Wasser.
(k)eine Cola.
Äpfel/keine Äpfel.

CD 1 54 **C4** **Hören Sie die Gespräche und vergleichen Sie.**

C5 **Spiel: Reise nach Berlin**

Ich fahre nach Berlin
und nehme einen Grill mit.

Ich fahre nach Berlin
und nehme einen Grill
und eine Flasche Saft mit.

Ich fahre nach Berlin
und nehme einen Grill,
eine Flasche Saft und ein Sofa mit.

D1 Ordnen Sie zu.

lesen ● Briefe schreiben ● Fahrrad fahren ● schwimmen ● grillen ● tanzen ● Freunde treffen ● schlafen

A ....schlafen........ **B** ......lesen...... **C** .... **D** ....

E .... **F** .... **G** .... **H** ....

D2 Sprechen Sie.

- Was sind deine Hobbys?
- ◆ Lesen und schwimmen.
  Und was machst du in der Freizeit?
  Liest du auch gern?
- Naja, es geht. Ich mache gern Sport:
  schwimmen, Fußball spielen und
  Fahrrad fahren.

> *Was sind Ihre/deine Hobbys?*   *Meine Hobbys sind ...*
> *Was machst du in der Freizeit?/*   *Ich ... (gern).*
> *Was machen Sie in der Freizeit?*

| du | liest | triffst | fährst | schläfst |
| er/sie | liest | trifft | fährt | schläft |

D3 Lesen Sie und sammeln Sie Informationen über die Personen.

Hallo!

Ich heiße Ratha.
Ich bin 45 Jahre alt und
komme aus Kambodscha.

In der Freizeit treffe ich Freunde,
gehe tanzen oder ins Kino.
Mein Lieblingsfilm ist „Titanic".
Ich schreibe sehr gern Briefe
und E-Mails.
Bitte schreibt mir.

Ratha

Brieffreunde aus aller Welt gesucht!
Christian, 38,
Hobbys: Fußball spielen, schwimmen, afrikanisch und japanisch kochen.

Schreibt an:
Christian Wenzli
Burgweg 11
8023 Zürich
Schweiz

Name: Emmanuel Obeng
Land: Ghana
Alter: 35
Hobbys: Musik hören, fernsehen, Sport machen (Karate, Boxen, Fußball, Schwimmen)

Chiffre: 16601 ◄◄

Ratha kommt aus Kambodscha. Sie ist 45 Jahre alt. In der Freizeit ...
Christian kommt ... Er ist ... Er spielt gern ...
Emmanuel kommt ... Er ... Er hört ...

D4 Schreiben Sie eine Anzeige.

Geben Sie folgende Informationen:

Name ● Land ● Alter ● Hobbys ● Lieblingsfilm, Lieblingsbuch, Lieblingsmusik, ...

CD 1 |55| **E1**   **Was ist richtig? Hören Sie und kreuzen Sie an.**

a	Wo regnet es?	☐ In München.	☐ In Hof.	☐ In Passau.
b	Wie ist das Wetter morgen?	☐ Die Sonne scheint.	☐ Es regnet.	☐ Es ist kalt.
c	Wie viel Grad sind es in Sachsen?	☐ 8 bis 11 Grad.	☐ 8 bis 12 Grad.	☐ 6 bis 12 Grad.

E2   **Welche Wörter kennen Sie? Lesen Sie und markieren Sie.**

A

Am Freitag ist es sonnig. Die Temperaturen erreichen Werte zwischen 18 und 23 Grad. Es ist nicht mehr so windig.

B

Im Norden und Westen scheint schon heute die Sonne, im Süden und Osten regnet es aber noch.
Für Donnerstag heißt die Prognose aber: Sonnenschein überall!
Die Temperaturen steigen bis auf 25 Grad.

C

Wetter>Deutschland>Aachen

Heute bewölkt		Minimal 11° Maximal 16°
Di Regen		Minimal 8° Maximal 13°
Mi bewölkt		Minimal 5° Maximal 12°
Do sonnig		Minimal 9° Maximal 14°
Fr sonnig		Minimal 11° Maximal 16°

D

Heute meist bewölkt und Regen in West- und Norddeutschland bei 4 bis 9 Grad. Im Süden Sonnenschein bei 9 bis 13 Grad, am Dienstag überall Regen und sinkende Temperaturen.

E3   **Richtig oder falsch? Lesen Sie noch einmal und kreuzen Sie an.**

Text	richtig	falsch
A Am Freitag scheint die Sonne.	☒	☐
Der Wind ist stark.	☐	☐
B Heute scheint in ganz Deutschland die Sonne.	☐	☐
Am Donnerstag ist es warm.	☐	☐
C Heute sind es in Aachen 9 bis 14 Grad.	☐	☐
Am Mittwoch sind es 8 bis 13 Grad.	☐	☐
D In Norddeutschland regnet es heute.	☐	☐
Im Süden scheint heute die Sonne.	☐	☐

Grammatik

1 Akkusativ: bestimmter Artikel

Singular		Nominativ			Akkusativ	
maskulin	Wo ist	der	Salat?	Ich habe	den	Salat.
neutral	Wo ist	das	Salz?	Ich habe	das	Salz.
feminin	Wo ist	die	Milch?	Ich habe	die	Milch.
Plural	Wo sind	die	Getränke?	Ich habe	die	Getränke.

2 Akkusativ: unbestimmter Artikel

Singular		Nominativ			Akkusativ	
maskulin	Ist das	ein	Salat?	Ich möchte	einen	Salat.
neutral	Ist das	ein	Ei?	Ich möchte	ein	Ei.
feminin	Ist das	eine	Banane?	Ich möchte	eine	Banane.
Plural	Sind das		Orangen?	Ich möchte		Orangen.

3 Akkusativ: Negativartikel

Singular		Nominativ			Akkusativ	
maskulin	Das ist	kein	Salat.	Ich habe	keinen	Salat.
neutral	Das ist	kein	Salz.	Ich habe	kein	Salz.
feminin	Das ist	keine	Milch.	Ich habe	keine	Milch.
Plural	Das sind	keine	Bananen.	Ich habe	keine	Bananen.

4 Ja-/Nein-Frage: *ja – nein – doch*

Frage	Antwort	
Hast du das Brot dabei?	Ja.	Nein.
Hast du das Brot **nicht** dabei?	Doch.	Nein.
Haben Sie **keinen** Tee?	Doch.	Nein.

5 Verb: Konjugation

	lesen
ich	lese
du	liest
er/es/sie	liest
wir	lesen
ihr	lest
sie/Sie	lesen

	treffen
ich	treffe
du	triffst
er/es/sie	trifft
wir	treffen
ihr	trefft
sie/Sie	treffen

	schlafen
ich	schlafe
du	schläfst
er/es/sie	schläft
wir	schlafen
ihr	schlaft
sie/Sie	schlafen
auch so:	fahren

Wichtige Wörter und Wendungen

Das Wetter

Wie ist das Wetter?
Gut. • Schön. • Schlecht. • Nicht so gut/schön. •
Die Sonne scheint. • Es regnet. • Es ist windig. •
Es ist bewölkt. • Es schneit. • Es ist warm. •
Es ist kalt. • Im Norden sind es 10 Grad. •
Im Sommer haben wir circa 25 Grad.

Hobbys

Was sind Ihre/deine Hobbys? –
Meine Hobbys sind Lesen und E-Mails schreiben.

Was machen Sie / machst du in der Freizeit? –
Ich lese gern.

Briefe schreiben • Fahrrad fahren • Freunde treffen •
grillen • schlafen • schwimmen • Sport machen • tanzen

Vorlieben: Mein Lieblingsbuch

Mein Lieblingsbuch/Lieblingsfilm ist ...
Meine Lieblingsmusik ist ...

Bedauern: Tut mir leid.

Tut mir leid / Entschuldigung, aber
ich habe den Käse vergessen. •
Ich habe den Käse leider vergessen. •
Ich habe den Käse leider nicht dabei.

Himmelsrichtungen: Norden, ...

der Norden • der Süden •
der Westen • der Osten
im Norden ...

Jahreszeiten: Frühling, ...

der Frühling • der Sommer •
der Herbst • der Winter •
im Frühling ...

Strategien

Naja • Soso, ... • So, ... •
Also, ... • Aha, ... • Oje, ... •
Sag mal, ...

7 | Kinder und Schule

FOLGE 7: *FIEBER? SO SO!*

1   **Sehen Sie die Fotos an. Was meinen Sie: Wer sagt was?**

	Bruno	Tina	Sara
Ich habe Fieber.			
Sara ist krank.			
Ich will die Lehrerin anrufen.			
Ihr schreibt heute ein Diktat.			
Ich will nicht in die Schule gehen.			

2 Sehen Sie die Fotos an und hören Sie.

3 Ordnen Sie die Sätze.

☐ Sara kommt nach Hause.
Sie hat kein Diktat geschrieben.

☐ Tina sagt: Sara, du hast kein Fieber!

1 Sara sagt: Ich habe Fieber.

☐ Sara geht in die Schule.

☐ Bruno will Frau Müller, die Lehrerin, anrufen.

CD 1 57 **A1** **Verbinden Sie die Sätze. Hören Sie noch einmal und vergleichen Sie.**

a	Mir geht es gar nicht gut.	Sie kann heute nicht in die Schule gehen.
b	Sara hat Fieber.	Du kannst in die Schule gehen.
c	Du hast kein Fieber.	Ich kann heute nicht in die Schule gehen.

ich	**kann**
du	**kannst**
er/sie	**kann**
wir	**können**
ihr	**könnt**
sie/Sie	**können**

CD 1 58 **A2** **Hören Sie und variieren Sie.**

● Ich bin krank.
Ich kann nicht einkaufen.
Hannes, kannst du im Supermarkt einkaufen?

▲ Ja, kein Problem.

Ich kann nicht einkaufen .
Kannst du im Supermarkt einkaufen ?

Varianten:
(nicht) kochen ● (nicht) mit Jonas zum Arzt gehen ●
Anna (nicht) in den Kindergarten bringen ● Jonas' Lehrer (nicht) anrufen

A3 **Wer kann was? Machen Sie eine Liste. Fragen Sie und antworten Sie.**

	sehr gut	nicht so gut
Fußball spielen	Alexander	
Fahrrad fahren	Özlem	Ruslan
auf Deutsch die Uhrzeit sagen		
kochen		
Englisch sprechen		
...		

Können Sie / Kannst du gut Fußball spielen? Ja, sehr gut.
Nein, nicht so gut.

A4 **Im Kurs: Sprechen Sie.**

Alexander kann sehr gut Fußball spielen.
Aber er kann nicht so gut kochen. Er kann ...

B1   **Hören Sie noch einmal und variieren Sie.**

● Du hast kein Fieber. Du kannst in die Schule gehen.	ich will
▲ Ich will aber nicht in die Schule gehen.	du willst
	er/sie will
Varianten:	wir wollen
aufräumen ● Hausaufgaben machen ●	ihr wollt
aufstehen ● zum Tanzkurs gehen	sie/Sie wollen

B2   **Was wollen die Kinder? Was antwortet die Mutter? Sprechen Sie.**

Nein, jetzt nicht!

Wir wollen
ins Schwimmbad
gehen!

Wir wollen ...   Nein, jetzt nicht!
Nein, das geht nicht.
Nein, ihr könnt morgen ...
Ihr geht jetzt ins Bett! ◢

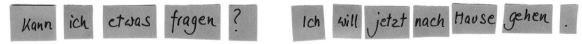

Wir wollen Fußball spielen.

B3   **Spiel: Lebende Sätze**

a   Schreiben Sie Sätze mit *können* und *wollen*. Machen Sie Kärtchen.

Kann ich etwas fragen ?   Ich will jetzt nach Hause gehen .

b   Suchen Sie Ihre Partner. Bilden Sie Sätze.

Du **hast** gestern nichts **gelernt.**

CD 1 | 60 **C1** **Hören Sie und ergänzen Sie.**

geschlafen ● gelernt ● gesehen ● geschrieben

Na, wie hast du ......*geschlafen*...... ?	Hast du den Zettel mit der Telefonnummer .... ?	Du hast kein Fieber. Du hast gestern nichts .... !	Habt ihr das Diktat .... ?	M ä r **12** Montag heute

M ä r **11** Sonntag gestern

C2 **Ordnen Sie zu.**

A  B  C  D

er hat gelernt
er hat geschrieben

D Der Junge **hat** Englisch **gelernt.**

☐ Der Junge lernt Englisch.

☐ Das Mädchen schreibt einen Brief.

☐ Das Mädchen **hat** einen Brief **geschrieben.**

C3 **Ordnen Sie zu.**

ich habe   gearbeitet
du hast   gelesen
er/es/sie hat   gegessen
wir haben   gekauft
ihr habt   geschrieben
sie/Sie haben   gemacht

CD 1 | 61 **C4** **Hören Sie und variieren Sie.**

● Was hast du gestern gemacht?
■ Ich habe bis 11 Uhr geschlafen.
  Dann habe ich Deutsch gelernt.
  Und was hast du gemacht?
● Nichts.

Was	hast	du am Samstag	gemacht?
Ich	habe	bis 11 Uhr	geschlafen.

Varianten:
E-Mails geschrieben – Englisch gelernt ● bis 12 Uhr gearbeitet – geschlafen ●
Zeitung gelesen – Hausaufgaben gemacht ● Sport gemacht – Pizza gegessen

C5 **Im Kurs: Schreiben Sie Fragen und fragen Sie.**

a Von wann bis wann | Deutsch gelernt | hast du | gestern?

b Was | haben Sie | gekauft | gestern?

c Von wann bis wann | gearbeitet | haben Sie | gestern?

d Wann | Hausaufgaben gemacht | habt ihr | gestern?

e ...

Von wann bis wann hast du gestern Deutsch gelernt?

Von acht bis zehn Uhr.

Ich habe nicht gelernt.

Ich **bin** doch in die Schule **gegangen.**

D1 **Was hat Sara gestern gemacht? Hören Sie und ordnen Sie die Bilder.**

Foto	2			

D2 **Was passt? Ordnen Sie die Sätze den Fotos aus D1 zu.**

a Danach bin ich mit Mama
in den Supermarkt gefahren.

b Am Morgen bin ich in die Schule
gegangen.

c Am Nachmittag bin ich mit Niko
spazieren gegangen.

d Dann ist Katja gekommen.

Foto	1	2	3	4
Satz	c			

Ich	bin	in die Schule	gegangen.
Ich	bin	mit Mama in den Supermarkt	gefahren.
Katja	ist		gekommen.

D3 **Hören Sie und variieren Sie.**

● Klaus, was machst du am Wochenende?
Wollen wir zusammen Fahrrad fahren?

▲ Nein, ich bin gestern schon Fahrrad gefahren.

● Schade!

Varianten:
Fußball spielen ● spazieren gehen ●
tanzen gehen ● Pizza essen ● zu Lisa fahren

D4 **Was haben Sie gestern / am Montag /
am Dienstag / ... gemacht? Erzählen Sie.**

am Samstag + am Sonntag =
am Wochenende

■ Was hast du gestern gemacht?

● Also, ich | habe | gestern ...   Und du?
          | bin |

■ Ich ...

E1 **Welche Wörter kennen Sie? Lesen Sie und markieren Sie.**

Liebe Eltern der Klasse 3c,

am Freitag, den 25.05. möchte ich mit der Klasse eine Exkursion machen. Ich möchte mit den Kindern zum Spadener See fahren.
Das Besondere: Wir wollen nicht mit dem Bus fahren.
Die 3c fährt diesmal Fahrrad!
Am See können die Kinder schwimmen. Wir wollen auch ein Picknick machen und grillen. Hoffentlich regnet es nicht!

Mit freundlichen Grüßen
Ole Meiners
Klassenlehrer der 3c

Bitte füllen Sie den folgenden Abschnitt aus.

Mein Sohn / Meine Tochter

....

☐ kann an der Exkursion teilnehmen.
☐ kann Fahrrad fahren.
☐ kann schwimmen.

☐ kann an der Exkursion nicht teilnehmen.
☐ kann nicht Fahrrad fahren.
☐ kann nicht schwimmen.

E2 **Was ist richtig? Kreuzen Sie an.**

Der Lehrer will mit den Kindern

☐ eine Exkursion machen. ☐ mit dem Fahrrad fahren.
☐ mit dem Bus fahren. ☐ ins Schwimmbad gehen.

CD 1 64 □ **E3** **Hören Sie und kreuzen Sie an.**

		richtig	falsch
a	Frau Kerner ist die Mutter von Sebastian.	☐	☐
b	Sebastian kommt mit zum Spadener See.	☐	☐
c	Sebastian ist krank.	☐	☐

E4 **Rollenspiel: Spielen Sie Gespräche.**

Ihr Kind ist krank. Es kann nicht in die Schule gehen. Sie rufen in der Schule an.	Sie sind krank. Sie können nicht zum Deutschkurs kommen. Sie rufen in Ihrer Sprachschule an.	Ihr Kind ist krank. Sie können nicht zum Deutschunterricht kommen. Sie rufen in Ihrer Sprachschule an.

Guten Morgen. Mein Name ist ...

Ich bin die Mutter / der Vater von ...
Mein Sohn / Meine Tochter geht in die Klasse ...
Er / Sie kann heute nicht zur Schule kommen.
Er / Sie ist krank.

Ich kann heute nicht zum Deutschkurs/
zum Unterricht kommen.

Ich bin krank.
Mein Kind ist krank.
Ich gehe zum Arzt.

... Schule, Sekretariat, ...

Oh, das tut mir leid.
Ich sage es der Lehrerin / dem Lehrer.
Gute Besserung.

Grammatik

1 Modalverben: *können* und *wollen*

	können	wollen
ich	kann	will
du	kannst	willst
er/es/sie	kann	will
wir	können	wollen
ihr	könnt	wollt
sie/Sie	können	wollen

2 Modalverben im Satz

	Position 2		Ende
Er	kann	heute nicht in die Schule	kommen.
Wir	wollen	am Samstag Fußball	spielen.

3 Perfekt mit *haben*

		haben + ge...t			haben + ge...en
lernen	er lernt	er hat gelernt	schlafen	er schläft	er hat geschlafen
machen	er macht	er hat gemacht	lesen	er liest	er hat gelesen
arbeiten	er arbeitet	er hat gearbeitet	essen	er isst	er hat gegessen
kaufen	er kauft	er hat gekauft	schreiben	er schreibt	er hat geschrieben

4 Perfekt mit *sein*

		sein + ge...en (• ➔ •)
gehen	er geht	er ist gegangen
fahren	er fährt	er ist gefahren
spazieren gehen	er geht spazieren	er ist spazieren gegangen
kommen	er kommt	er ist gekommen

5 Das Perfekt im Satz

	Position 2		Ende
Sie	hat	gestern nicht	gelernt.
Ich	habe	Zeitung	gelesen.
Er	ist	mit Susanna spazieren	gegangen.

Wichtige Wörter und Wendungen

Schule

die Schule – die Schulen • in die Schule gehen • die Klasse –
die Klassen • der Lehrer – die Lehrer • die Lehrerin – die Lehrerinnen •
lernen • das Diktat – die Diktate • ein Diktat schreiben
der Kindergarten – die Kindergärten

Strategien

Nein, jetzt nicht!
Das geht nicht!
Schade!
Kein Problem!

sich/jemanden entschuldigen

Ich bin krank.
Mein Kind / Mein Sohn / Meine Tochter ist krank.
Ich/Er/Sie kann heute nicht kommen.
Ich gehe zum Arzt.

Oh, das tut mir leid.
Ich sage es der Lehrerin / dem Lehrer.
Gute Besserung.

Fähigkeit: Ich kann ...

Ich kann (nicht) gut Fußball spielen.
Kannst du Englisch?

Starker Wunsch: Ich will ...

Wir wollen ins
Schwimmbad gehen.

Vorschlag: Wollen wir ...

Wollen wir Fahrrad
fahren?

Inhalt Arbeitsbuch

1 | A

Lektion 1: Guten Tag. Mein Name ist ...

Guten Tag. – Hallo!

A2 Phonetik
CD2 02 | 🔊 **1**

Was hören Sie? Kreuzen Sie an.

Guten Tag! ☐   Tschüs! ☒   Morgen! ☐   Tag! ☐   Guten Morgen! ☐   Hallo! ☐
Danke! ☐   Gute Nacht! ☐   Nacht! ☐   Guten Abend! ☐   Auf Wiedersehen! ☐

A2 Phonetik
CD2 03 | 🔊 **2**

Hören Sie und sprechen Sie nach.

Tag!	Guten Tag!	Morgen!	Guten Morgen!
Abend!	Guten Abend!	Guten Abend meine Damen und Herren.	
Nacht!	Gute Nacht!	Wiedersehen!	Auf Wiedersehen!
Frau Schröder	Guten Morgen Frau Schröder!	Felix	Auf Wiedersehen Felix!

A2 **3**

Ergänzen Sie.

T̶a̶g̶ • Morgen • Abend • H̶a̶l̶l̶o̶ • Auf Wiedersehen • Gute Nacht • Morgen • Tag • Abend • T̶s̶c̶h̶ü̶s̶

06.00			
09.00		....	
13.00	Guten	......*Tag*......	.*Hallo*...........
15.30		....	
19.00		....	
23.45		....	

Tschüs

A2 **4**

Was sagen die Personen?

a   *Hallo!*.................   ....

b   ....
   ....

....
....

c   d   e

---

sechsundsechzig   **66**   LEKTION 1

onetik **5**

Hören Sie und sprechen Sie nach.
Achten Sie auf die Betonung ⁄ und die Satzmelodie ↘ ↗.

● Entschuldigung. ↘ Wie heißen Sie? ↘

■ Ich heiße Eva Baumann. ↘ Und wie heißen Sie? ↗

● Ich heiße Angelika Moser. ↘

onetik **6**

Hören Sie und markieren Sie die Betonung ⁄ und die Satzmelodie ↘ ↗.

● Guten Tag. ↘ Ich bin Marietta. ▢

■ Entschuldigung, ▢ wie heißen Sie? ▢

● Marietta Adler. ▢

Hören Sie noch einmal und sprechen Sie nach.

7 **Was sagen die Personen?**

Ich bin Andrea Weber. ● Ich heiße Petra Kaiser. ● Herr Wiese, das ist meine Kollegin Frau Weiß. ●
Und wie heißen Sie? ● Entschuldigung, wie heißen Sie? ● Guten Abend, Frau Weiß.

a ◆ *Ich bin Andrea Weber.* ....

....

■ ....

b ▲ Ich heiße Akello Keki.

● ....

▲ Akello Keki.

● Aha.

c ■ ....

....

▲ ....

● Guten Abend.

B4   <u>**8**</u>   **Ordnen Sie zu und schreiben Sie.**

<u>**a**</u>   Ich bin   Sie?   *Ich bin Lena.* ....

<u>**b**</u>   Wie heißen   ist Frau Hummel.   ....

<u>**c**</u>   Ich   ist das?   ....

<u>**d**</u>   Das   heißen Sie?   ....

<u>**e**</u>   Wie   Lena.   ....

<u>**f**</u>   Wer   heiße Lukas.   ....

B4   <u>9</u>   Ergänzen Sie die Wörter und Satzzeichen (?.)

wie ● wer ● Das ist ● bin ● ist ● ist ● heiße ● heiße ● heißen ● Herr

<u>**a**</u>   ◆ Ich .... *bin* .... Andreas Zilinski ......

    ■ Entschuldigung, ... heißen Sie .....

    ◆ Andreas Zilinski, und das .... Frau Kunz .....

<u>**b**</u>   ◆ Wer .... das .....

    ■ .... Felix .....

<u>**c**</u>   ◆ Ich .... Laura Weber .....

      Und wie .... Sie .....

    ■ Ich .... Michaela Schubert .....

<u>**d**</u>   ◆ Das ist .... Hoffmann .....

    ■ Und .... ist das .....

    ◆ Frau Kunz .....

B4   <u>**10**</u>   **Ergänzen Sie.**

<u>**a**</u>   ◆ Hallo, ich ... *bin* .... Fred.   <u>**d**</u>   ◆ Wer ist Lukas Grossmann?

    ■ Und ....   ■ ....

    ◆ Das ist Michael.

<u>**b**</u>   ◆ Ich bin Oskar Schneider.

    ■ ....

       ....

    ◆ .... Oskar Schneider.

<u>**c**</u>   ◆ .... ist das?

    ■ .... Frau Karadeniz.

    ◆ Wer?

    ■ ....

11 **Was hören Sie? Kreuzen Sie an.**

	Karim	Heidi	Jan
Deutschland		x	
Polen			
Iran			
Köln			
Berlin			
Teheran			
Frankfurt			

	Karim	Heidi	Jan
Deutsch			
Russisch			
Persisch			
Englisch			
Arabisch			
Polnisch			

12 **Ergänzen Sie.**

Woher kommst du? ● Mein Name ist ● Ich heiße ● Ich bin ● Woher kommen Sie? ●
Wie heißen Sie? ● Ich komme ● Was sprechen Sie? ● Was sprichst du? ● Und wer bist du?

a ● Guten Tag! *Mein Name ist* Schneider.

■ Entschuldigung. ....

....

● Schneider. Bruno Schneider.

■ ....

● Aus Deutschland.

■ ....

● Deutsch und Italienisch.

b ● .... Anna. Und wie
heißt du?

■ .... Habib. Ich komme
aus Algerien. ....

....

● .... aus Österreich.

....

■ Ich spreche Arabisch und Französisch.

c ● Ich bin Ali. ....

■ Ich bin Selma.

13 **Ergänzen Sie.**

ich	komm*e*	sprech..........	heiß..........	bin
du	komm..........	..........*i*..........	..........*ßt*	....
Sie	komm..........	....	....	....

1 C Ich komme aus der Ukraine.

C3 **14** Was passt? Unterstreichen Sie.

a Ich heißen Maria.
heißt
<u>heiße</u>

b Wie heiße du?
heißt
heißen

c Woher kommst Sie?
komme
kommen

d Ich kommst aus Kroatien.
komme
kommen

e Und woher kommst du?
komme
kommen

f Ich ist Angelika.
bin
bist

g Was spreche Sie?
sprechen
sprichst

h Ich spreche Englisch.
sprechen
sprichst

i Was spreche du?
sprichst
sprechen

C3 **15** Ergänzen Sie in der richtigen Form: *sprechen – kommen – heißen*

a Ich ...*spreche*..... ein bisschen Deutsch.

b Ich .... aus Berlin.

c Was .... Sie?

d Du .... Serbisch.

e Woher .... Sie?

f Wie .... Sie?

g Woher .... du?

h Wie .... du?

i Sie .... gut Deutsch.

A–C **16** *du* oder *Sie*? Lesen Sie.

Ergänzen Sie: *du – Sie*

a

b

c

onetik

17 **Wie spricht man das? Hören Sie und sprechen Sie nach.**

ei	Türkei	Ich heiße Einstein.
eu	Deutschland	Europa
au	aus Augsburg	Frau Maurer

18 **Ergänzen Sie:** *Tut mir leid. – Danke. – Entschuldigung. – bitte.*

a ● Guten Tag, Frau Schneider. Ist Laura da?

■ Nein. ....

b ● Rosenstraße 18A, bitte.

■ .... Ich weiß es nicht.

c ● ....

d ● Sprechen Sie Russisch?

■ Nein. ....

e ● Rosenstraße 18 A, ...

■ Dort.

● ....

f ● Mein Name ist Hubert Hubschmer.

■ .... Wie ist Ihr Name?

● Hubert Hubschmer.

19 **Was schreibt man groß? Korrigieren Sie.**

● M̶ein N̶ame ist anita. und wie heißt du?

■ ich heiße andreas.

● woher kommst du?

■ aus österreich.

● guten tag. wie ist ihr name, bitte?

■ mein name ist lukas bürgelin.

● woher kommen sie?

■ ich komme aus der schweiz.

20 **Markieren Sie die Wörter. Schreiben Sie die Sätze.**

ich|heißesaraundichsprechedeutsch *Ich* ....

dasistschnuffiunddasistpoppel ....

unddasistnikolajausderukraine ....

ichbinbrunoichkommeausdeutschland ....

ichsprecheenglischunditalienisch ....

D5 **21** **Finden Sie Sätze. Schreiben Sie noch acht Sätze.**

ichbingutentagausundmeinnameistzilinskiichkommewieheißtdufrausöllist
ichbinentschuldigung,wieistihrnameundwasichheißemichaelabitteausder
woherichistherrschneiderdaschrödergutenichbuchstabiere:zilinskidankich
bistduichkommeausdeutschlandsieaustutmirleid,herrschneideristnichtda
wiewerichwoherkommstdugutenherrist

Guten Tag. Mein Name ist Zilinski. ....

....

....

....

Ordnen Sie die Sätze. Schreiben Sie 2 Dialoge.

● *Guten Tag. Mein ...* ● *Wie ...*
■ *...* ■ *...*

D5 **22** **Das bin ich. Schreiben Sie Ihren Text.**

Ich heiße Samira Rochdi. Ich komme aus Casablanca. Das ist in Marokko. Jetzt bin ich in Deutschland, in Freiburg.
Ich spreche Arabisch, Französisch und Deutsch.

Ich heiße ...

D5 **23** **Schreiben Sie ein Lerntagebuch.**
Notieren Sie auch in Ihrer Sprache.

LERNTAGEBUCH

Ich
Ich heiße ... ...
Ich bin ... ...

Und Sie? / Und du?
Wie heißen sie / ...
heißt du? ...

Guten Tag. ...
Hallo. ...
Guten Abend. ...
...

Mein Name ist ... ...
Ich komme aus ... ...
Ich spreche ... ...
...

Woher kommen sie / ...
kommst du? ...
Was sprechen sie / ...
sprichst du? ...
...

ich ...e
du ...st du kommst du heißt !
sie ...en
...

24 Ordnen Sie zu.

Familienname ● Wohnort ● Vorname ● Straße ● Postleitzahl ● Hausnummer

Vorname

Frau
Maria Krowalski
Karl-Friedrich-Str. 5
79423 Heitersheim

Herrn
Anton Schule

25 Schreiben Sie die Adresse auf den Briefumschlag.

Herrn ● Wilhelmstr. ● Obermeier ● Berlin ● 5 ● Max ● 13595

55 100 Jahre Deutsches Museum Deutschland

26 Suchen Sie die Postleitzahl.

| Kurfürstendamm 12 | Albert-Einstein-Str. 3 |
| .... Berlin | .... Frankfurt a. Main |

| Rosenheimer Str. 138 | Goetheallee 18 |
| .... München | .... Dresden |

A2　Phonetik
CD 2 09

1　Hören Sie. Markieren Sie die Betonung /. Sprechen Sie nach.

Wie geht es Ihnen?↘　　　Danke, gut.↘　　Und Ihnen?↗

Wie geht es dir?↘　　　　Gut,↘ danke.↘　Und dir?↗

Hallo, Tina.↘ Wie geht's↘?　Ach, es geht!↘　Und dir?↗

A2

2　Wie geht's? Ergänzen Sie.

Super!

Na, wie geht's?

A2

3　Ergänzen Sie.

Wie geht es dir? ● Wie geht es Ihnen? ● Und dir? ● Und Ihnen?
Es geht. ● Auch gut, danke.

a　● Guten Tag, Frau Jablonski.

　　Wie geht es Ihnen? ....

　■ Danke, gut. ....

　● ....

b　● Hallo Tobias.

　■ Hallo Tanja. ....

　● Super! ....

　■ ....

A2

4　Schreiben Sie Dialoge.

a　▲ *Hallo, Jana. Wie* ....

　● ....

　▲ ....

b　■ *Guten Tag.* ....

　◆ ....

　■ ....

5 **Ergänzen Sie.**

Schwester • Vater • Sohn • Mutter • Bruder • Kinder • Tochter • Eltern

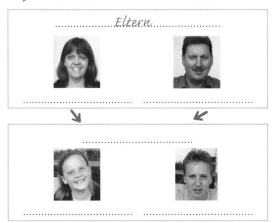

.... *Eltern* ....

....

....

....

Schwester

6 **Ergänzen Sie.**

a Guten Abend, *Frau* .... Schröder.

Guten Abend, *Herr* .... Altmann.

b Das ist meine ....

Freut mich, guten Abend, ... Altmann.

c Guten Abend, ... Schröder.

Und das ist mein ....

Guten Abend, ... Altmann.

7 **Meine Familie. Ergänzen Sie.**

a

Das ist meine *Familie*...

b

Das sind meine ....

c

Das ist mein .... Jonas und das ist meine .... Sandra.

d

Das ist meine ....

e

Das ist mein ....

f

Das sind meine ...., meine .... und mein ....

B3   **8**   **Markieren Sie in Übung 7 und tragen Sie ein.**

rot: meine Familie   meine ...   grün: mein Sohn   mein ...   gelb: meine Kinder   meine ...

Das ist meine   Das ist mein   Das sind meine

........*Familie*........   ....*Sohn*........   ....*Kinder*........

....

....

....

B3   **9**   **Ordnen Sie zu.**

			Ergänzen Sie: *ist – sind*
a	Das ist	meine Eltern.	👤 Das ....
b	Das sind	Frau Schneider.	👤👤 Das ....
c	Das sind	Frau Altmann und Herr König.	
d	Das sind	meine Tochter.	
e	Das ist	meine Kinder.	

B3   **10**   **Ergänzen Sie.**

bin ● ~~ist~~ ● ist ● sind ● sind ● ~~sind~~ ● mein ● mein ● mein ● ~~meine~~ ● meine ● meine ●
meine ● meine ● heißt ● heißt

a   Das ....*ist*.......... ....*meine*......... Tochter und das ....

.... Sohn.

b   Das ....*sind*........ .... Bruder und .... Schwester.

c   Das .... Kinder: .... Sohn ....

Lukas und .... Tochter .... Stefanie.

d   Das .... ich und das .... Eltern.

B3   Phonetik   **11**   **Hören Sie und sprechen Sie nach. Klatschen Sie den Rhythmus.**
CD2 10 |▭|

Das ist meine Frau. ● Das ist mein Bruder. ● Das sind meine Kinder.
▼   ▼   ▼   ▼   ▼   ▼   ▼   ▼   ▼   ▼   ▼   ▼

Das ist mein Sohn. ● Das ist meine Tochter.
▼   ▼   ▼   ▼   ▼   ▼   ▼   ▼

---

12   **Wer ist das? Markieren Sie mit Pfeilen.**   **Ergänzen Sie:** *sie – er*

Das sind Bruno und Tina, sie leben in München.   Bruno und Tina   → .... *sie* ....

Brunos Mutter kommt aus Italien.   Brunos Mutter   → ....

Jetzt lebt sie in Nürnberg.

Und das ist Sara. Sie hat zwei Hasen, sie heißen   Sara   → ....

Poppel und Schnuffi.   zwei Hasen   → ....

Niko kommt aus der Ukraine.   Niko   → ....

Er wohnt auch in München.

Seine Mutter und sein Bruder leben nicht   Mutter und Bruder → ....

in Deutschland, sie leben in Kiew.

---

13   **Ergänzen Sie.**

Ich heiße Tanja, ... lebe in Deutschland, ... wohne in Bremen.

Mein Bruder heißt Florian, ... lebt in England, ... wohnt in London.

Meine Schwester heißt Martina, ... lebt in Frankreich, ... wohnt in Marseille.

Meine Eltern leben in der Schweiz, ... wohnen in Genf.

Ja, das ist meine Familie, ... ist international.

---

14   **Schreiben Sie den Text mit** *er – sie – sie*

Das ist Semra. Semra kommt aus der Türkei. Und
das ist Markus. Markus kommt aus Österreich. Semra
und Markus leben in Deutschland. Semra und Markus
wohnen jetzt in Berlin. Semras Eltern leben auch in
Deutschland. Semras Eltern wohnen in Frankfurt.

Das ist Semra. Sie ....

....

Und das ist Markus. ....

....

Semra und Markus ....

....

Semras Eltern ....

....

....

C3   **15**   **Lesen Sie und markieren Sie.**

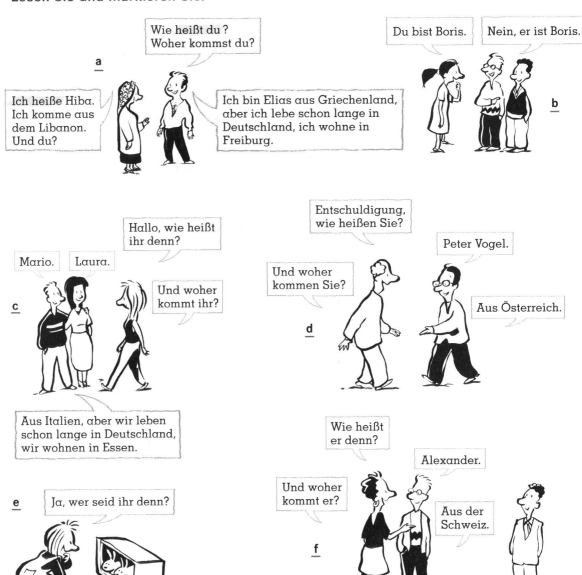

C3   **16**   **Ergänzen Sie.**

	kommen	wohnen	leben	heißen	sein
ich					
du		*wohnst*	*lebst*		
er/sie		*wohnt*	*lebt*	*heißt*	
wir	*kommen*				*sind*
ihr		*wohnt*	*lebt*		
sie/Sie		*wohnen*	*leben*		*sind*

17 Ergänzen Sie.

Hallo, ich h.*eiße*............... Jeanette, ich k........................... aus Frankreich,

aber ich l........................... schon lange in Deutschland. Und das

s........................... meine Freunde: Sie h........................... Max und

Stefan. Sie s........................... aus Deutschland. Wir w........................... alle

drei in Dresden. Und wer b........................... du? Woher k...........................

du? Wo w........................... du?

Wie h........................... ihr?

Woher k........................... ihr?

Wo w........................... ihr?

Wie h........................... Sie?

Woher k........................... Sie?

Wo w........................... Sie?

18 Ordnen Sie zu.

heiße ● ist ● lebt ● heißen ● sind ● wohnen ● heißt ● wohne ● bin ● lebe ● leben ● wohnst ● bist ●
lebst ● wohnt ● seid ● lebt ● heißt ● heißen ● sind ● wohnen ● heißt ● wohnt ● leben

ich	*heiße*	*wohne*		
du				
er/sie				
wir	*heißen*			
ihr				
sie/Sie				

19 Steffi, Zainab, Lisa und Enrique und ich. Schreiben Sie einen Text.

ich – aus Polen –
in Deutschland –
in Ulm

Steffi – aus
Hamburg – in Ulm

Lisa und Enrique –
in Leipzig –
Lisa: aus Deutschland –
Enrique: aus Spanien

Zainab – aus
Tunesien –
in Stuttgart

Das ...*bin*...... ich. Ich .... aus ....

und .... jetzt in Deutschland, in Ulm.

Steffi .... auch in Ulm, ...

....

....

....

....

....

....

....

D2 **20** **Kreuzen Sie an.**

dreizehn • sechs • elf • fünf • vierzehn • siebzehn • acht • neunzehn • drei • zwanzig

1   2   3   4   5   6   7   8   9   10   11   ~~12~~   14   15   16   17   18   19   20

D2 **21** **Schreiben Sie die Zahlen.**

1 ......*eins*......	2	3 ....
4	5	6 ....
7	8	9 ....
10	11	12 ....
13	14	15 ....
16	17	18 ....
19	20	

D3 **22** **Ergänzen Sie:** *in – aus*

Woher?

der Türkei.

Ich komme .... Spanien.

Berlin.

Wo?

Deutschland.

Ich wohne/lebe .... der Schweiz.

Frankfurt.

D3 **23** **Ordnen Sie zu.**

a Wie ist Ihr Name?   Aus der Türkei.
b Woher kommen Sie?   Türkisch und Deutsch.
c Wo sind Sie geboren?   Elif Karadeniz.
d Wo wohnen Sie?   Erdal und Bilge.
e Wie heißen Ihre Kinder?   In München. In der Hansastraße 10.
f Was sprechen Sie?   In Ankara.

D3 **24** **Ergänzen Sie:** *Wo – Woher – Wie – Wer*

a ......*Wie*...... ist Ihr Name?   e .... sind Sie geboren?
b .... kommen Sie?   f .... sind Sie?
c .... wohnen Sie?   g .... ist Ihr Vorname?
d .... ist Ihre Adresse?   h .... ist Ihr Familienname?

25   Schreiben Sie die Fragen.

● ....?

▲ Schröder.

● ....?

▲ Maria.

● ...._geboren_..?

▲ In Halle.

● ....?

▲ Stuttgart, Parkstraße 7.

● ....?

▲ 23 57 18.

● ....?

▲ Ja, 2 Kinder.

● ....?

▲ Neun und elf Jahre.

26   Ergänzen Sie.

ist ● ist ● sind ● Haben ● haben ● hat ● hat ● habe

..Haben........ Sie Kinder?

Wie alt .... Ihre Kinder?

Wir ....
zwei Kinder.

Ich .... zwei Kinder. Mein Sohn
.... 32. Er .... vier
Kinder. Meine Tochter 28,
sie .... zwei Kinder.

27   Ergänzen Sie.

● Manuela, du k.................... aus Portugal.

Wo b.................... du geboren?   ▲ In Porto.

● Du l.................... jetzt in Deutschland.

Wo w.................... du?   ▲ In Hamburg.

● B.................... du verheiratet?   ▲ Nein, ich bin geschieden.

● H.................... du Kinder?   ▲ Ja, ein Kind.

28   Schreiben Sie über Manuela.

Manuela, meine Freundin ● aus Portugal ● in Porto geboren ●
jetzt in Deutschland, in Hamburg ● geschieden ● 1 Kind

Manuela ist meine Freundin.
Sie ...

E   Projekt   **29**   **Finden Sie die Antworten auf einer Karte, in einem Atlas oder fragen Sie.**

?

3 Städte in Deutschland mit H: ....

2 Städte in Deutschland mit M: ....

1 Fluss in Deutschland mit R: ....

1 See in Deutschland mit B: ....

Deutschland hat 16 Bundesländer.
In welchem Bundesland wohnen Sie?

....

Wo sagt man so?

Guten Tag!
Grüß Gott!
Grüezi!
Moin, Moin!
Servus!
Salü!

CD2 11 ⊡   **Guten Tag! Grüß Gott! ... –**
Wo sagt man so?
Hören Sie und ergänzen Sie.

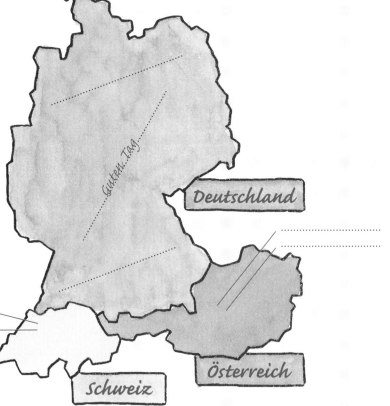

30 Ergänzen Sie im Lerntagebuch.

		Ich		*Und Sie? / Und du?*	
		Ich heiße ...	*...*	*Wie heißen sie /*	*...*
		Ich bin ...	*...*	*heißt du?*	*...*
Guten Tag.	*...*	*Mein Name ist ...*	*...*	*Woher kommen sie /*	*...*
Hallo.	*...*	*Ich komme aus ...*	*...*	*kommst du?*	*...*
Guten Abend.	*...*	*Ich spreche ...*	*...*	*Was sprechen sie /*	*...*
...		*...*		*sprichst du?*	*...*
				...	
Wie geht es Ihnen?	*...*	*Ich wohne in ...*	*...*	*Wo wohnen sie /*	*...*
Wie geht es dir?	*...*	*Ich lebe in ...*	*...*	*wohnst du?*	*...*
...		*Ich habe ein Kind /*		*Haben Sie /*	*...*
		... Kinder.	*...*	*Hast du Kinder?*	*...*
		...		*...*	

ich ...e
du ...st   du kommst   du heißt !
sie ...en
...

er ...t
sie ...t
wir ...en
ihr ...t
sie ...en

3	**A**	Lektion 3: Einkauf

A2 Phonetik
CD2 12 | 🔲 **1** **Hören Sie und markieren Sie die Satzmelodie.** ↗ ↘

Wer kennt *fan-fit*? ↘ Kennen Sie schon *fan-fit*? ↗
Nein, was ist das? ↘

a Kennst du Katharina Mai? ▨ Nein, wer ist das? ▨
b Kennst du Bremen? ▨ Nein, wo liegt das? ▨
c Was ist das? ▨ Das ist Käse. ▨
d Und was ist das? ▨ Das ist Mineralwasser. ▨
e Hast du Tee? ▨ Nein, Milch. ▨

CD2 13 | 🔲 **Hören Sie noch einmal und markieren Sie die Betonung /. Sprechen Sie nach.**

Kennen Sie schon *fan-fit*? ↗ Nein, was ist das? ↘

A3 **2** **Was passt? Kreuzen Sie an.**

a ☒ Ist das Joghurt? **b** ☐ Ist das Käse?
☐ Was ist das? ☐ Was ist das?
▲ Ja. ▲ Käse.

c ☐ Haben wir noch Obst? **d** ☐ Ist das Sahne?
☐ Was haben wir noch? ☐ Was ist das?
▲ Ja, Äpfel und Bananen. ▲ Nein, das ist Joghurt.

e ☐ Kennst du *fan-fit*? **f** ☐ Hast du Milch, bitte?
☐ Wer kennt *fan-fit*? ☐ Wo ist Milch, bitte?
▲ Ich. ▲ Nein, tut mir leid.

A3 **3** **Ordnen Sie zu.**

a Brauchen wir Mineralwasser? Eva.
b Was brauchen wir? Nein, Markus.
c Hast du Obst? Nein.
d *fan-fit* – was ist das? Nein, tut mir leid.
e Wie heißt du? Nein, wer ist das?
f Kennen Sie Frau Kurowski? Nein, mein Familienname.
g Heißt du Nikolaj? Das ist Saft.
h Herrmann. Ist das Ihr Vorname? Mein Vater.
i Wer ist das? Brot und Milch.

4 Tragen Sie die Sätze ein.

Meine Schwester heißt Nadja. ● Kennst du meine Schwester? ● Wie ist Ihr Name? ●
Heißt du Julia? ● Wohnst du in Leipzig? ● Mein Bruder heißt Max. ●
Ich heiße Adem. ● Ist Adem Ihr Vorname? ● Kommen Sie aus der Türkei? ●
Wie viele Kinder haben Sie? ● Wir haben drei Kinder. ● Sind Sie Herr Brummer?

Meine Schwester	heißt	Nadja		Kennst	du meine Schwester?

5 Bilden Sie Fragen.

a du / kommst / woher — Woher .... ?

b Sie / aus Italien / kommen — .... ?

c Sie / in Deutschland / wohnen — .... ?

d Reis / das / ist — .... ?

e Tee / du / hast — .... ?

f du / Rotbusch-Tee / kennst — .... ?

g Sie / meine Schwester / kennen — .... ?

h wohnen / Sie / wo — .... ?

6 Schreiben Sie Fragen.

a ● ....? ■ Ich heiße Martin.

● .... Ihr Vorname? ■ Nein, das ist mein Familienname.

b ● ....? ■ Mein Bruder.

c ● .... Micki? ■ Nein, wer ist das?

d ● .... Kunzmann? ■ Nein, ich heiße Künzelmann.

e ● ....? ■ Ja, ich habe eine Tochter.

f ● ....? ■ Danke gut, und Ihnen?

g ● .... Österreich? ■ Nein, aus der Schweiz.

h ● .... Frankfurt? ■ Nein, ich wohne in Heidelberg.

7 **Was ist das?**

ein Kind ● ein Brötchen ● eine Stadt ● ein Foto ● ein Apfel ● eine Tomate ● eine Telefonnummer ● eine Zahl ● ein Land ● eine Orange ● ein Ei ● ein Name ● ein Mann ● ein Buchstabe ● eine Banane ● eine Frau ● eine Kartoffel ● eine Frage ● eine Antwort ● ein Kuchen

a Das ist ....*ein Mann*........ ....

Jasmin   089 – 543072   M

b Das ist ....*ein Name*........ ....

c Das ist ....

d Das ist ....

  12

e Das ist ....

Woher kommen Sie?   Aus Norddeutschland.

f Das ist ....

8 **Ordnen Sie die Wörter aus Übung 7.**

ein	eine
.............*ein Mann*.............	.............*eine Frau*.............
....	....
....	....
....	....
....	....
....	....
....	....
....	....
....	....
....	....

9 Ergänzen Sie: *ein – eine – mein – meine*

a

Da ist ......*ein*........ Brötchen, Das ist *mein*.......... Brötchen!

und auch .... Banane, Das ist .... Banane!

und .... Apfel, Das ist .... !

und .... Tomate, Das ist .... !

und .... Ei. Das ist .... !

Und ich? Was habe ich?

b

Hier bitte. Das ist .... Adresse

und das ist .... Telefonnummer.

10 Hören Sie und sprechen Sie nach.

Sahne • Mann • Banane • Stadt • Tomate • Apfel • Name • danke • Frage • Foto • Kartoffel • Brot • Obst • Joghurt

Hören Sie noch einmal und markieren Sie: *a*, *o* lang (*a̱*, *o̱*) oder kurz (*a̱*, *o̱*).

Sa̱hne, Ma̱nn

Hören Sie und sprechen Sie nach.

Wo ist Sahne? • Eine Banane, bitte. • Ist das eine Tomate? • Haben wir Brot? • Haben wir Obst? • Die Kartoffeln kosten drei Euro. • Kommen Sie aus Polen? • Wo wohnen Sie?

11 Ergänzen Sie: *ein – eine – kein – keine*

a  **b**  **c**

▲ Oh, ... Apfel. Danke. ● Da kommt .... Mann! ■ Ist das .... Orange?

● Das ist .... Apfel! ◆ Das ist .... Mann, ▲ Das ist .... Orange.

Das ist .... Tomate. das ist .... Frau. Das ist .... Apfel.

Schreiben Sie die Sätze aus c in Ihrer Sprache und vergleichen Sie.

....

....

3 B Das ist doch **keine** Sahne.

B3 | **12** Ordnen Sie die Wörter.

B̶r̶ö̶t̶c̶h̶e̶n̶ • A̶p̶f̶e̶l̶ • Tomate • Banane • Ei • O̶r̶a̶n̶g̶e̶ • Kuchen • Kind • Frau • Mann •
Frage • Antwort • Name • Zahl • Buchstabe • Telefonnummer • Stadt • Land • Foto

Brötchen

Apfel —

Ist das **ein** ...?
Nein, das ist **kein** ...

Orange

Ist das **eine** ...?
Nein, das ist **keine** ...

B3 | **13** **Ergänzen Sie:** *ein – eine – kein – keine*

a

● Özdemir? Ist das .... Vorname?

■ Nein, das ist .... Vorname,

das ist .... Familienname.

● Und Salzmann? Ist das .... Stadt in Österreich?

■ Nein, das ist .... Stadt in Österreich,

das ist .... Name.

b

◆ Ist das ein j?

▲ Nein, das ist .... j,

das ist .... y.

c

● Wie alt bist du?

■ Ich weiß es nicht.

● Das ist doch .... Antwort.

■ Das ist auch .... gute Frage!

14 **Machen Sie eine Tabelle und tragen Sie die Wörter ein.**

~~Apfel~~ ● Banane ● ~~Äpfel~~ ● Eier ● Bananen ● Kartoffel ● Brötchen ● Kuchen ● Ei ● Tomaten ●
Flasche ● Brötchen ● Tomate ● Länder ● Flaschen ● Kartoffeln ● Buchstabe ● Namen ● Kuchen ●
Fotos ● Städte ● Mann ● Frau ● Kinder ● Foto ● Zahl ● Buchstaben ● Frauen ● Frage ● Name ●
Stadt ● Zahlen ● Kind ● Männer ● Fragen ● Land

Ist das ...?	Sind das ...?
ein Apfel	*Äpfel*

15 **Ergänzen Sie.**

▲ Oh je, ...*keine*........ Eier, ... Brötchen,

.... Kartoffeln!

● Mama, haben wir Obst? Äpfel, Orangen, ...?

▲ Nein, ... Äpfel, ... Orangen.

● Und Bananen?

▲ Nein, auch .... Bananen.

● Da ist doch ein Apfel!

▲ Nein, das ist .... Apfel, das ist .... Tomate!

■ Mama, wie viele Zahlen hat mein Name?

▲ Das sind .... Zahlen, das sind Buchstaben!

▼ Mama, wo liegen die Länder Frankfurt und Stuttgart?

▲ Das sind .... Länder, das sind Städte!

◆ Mama, was ...

▲ Bitte, ... Fragen mehr.

16 **Ergänzen Sie.**

a ● Was haben wir noch?

■ Drei ....*Eier*................ (Ei), zwei .... (Apfel) und zwei .... (Tomate).

● Haben wir keine .... (Brötchen)?

b Sonderangebot: Sechs .... (Joghurt) kosten nur 2 Euro.

c München und Ulm sind .... (Stadt) in Süddeutschland.

d Wie viele .... (Kind) haben Sie?

e Sara hat viele .... (Foto) aus der Türkei.

f Mein Name hat fünf .... (Buchstabe): B r u n o.

17 **Machen Sie ein Plakat für die Klasse.**
Ordnen Sie die Wörter und die Wörter aus Übung 14.

~~Bruder – Brüder~~ ● ~~Sohn – Söhne~~ ● Vater – Väter ● Schwester – Schwestern ●
Mutter – Mütter ● Adresse – Adressen ● Land – Länder

Apfel – Äpfel	Mann – Männer	Stadt – Städte	Brötchen – Brötchen
¨ –	¨ er	¨ e	–
Bruder – Brüder		*Sohn – Söhne*	
Kind – Kinder	Frau – Frauen	Name – Namen	Joghurt – Joghurts
– er	– en	– n	– s

D2 CD2 17 | 18 **Hören Sie und ergänzen Sie die Zahlen.**

....20.... zwanzig	....22.... zweiundzwanzig	.... dreißig	.... dreiunddreißig
....40.... vierzig	.... fünfundvierzig	.... fünfzig	.... achtundfünfzig
.... sechzig	.... vierundsechzig	.... siebzig	.... fünfundsiebzig
.... achtzig	.... dreiundachtzig	.... neunzig	.... neunundneunzig

CD2 18 | **Hören Sie noch einmal und sprechen Sie nach.**

D2 CD2 19 | 19 **Meine Telefonnummer ist … Was hören Sie? Kreuzen Sie an.**

☐ 49 65   ☐ 65 39   ☐ 34 33 10   ☐ 39 63 13   ☐ 5 32 23   ☐ 5 22 31
☐ 07633 – 8 17 29   ☐ 07131 – 6 81 92

CD2 20 | **Hören Sie noch einmal und sprechen Sie nach.**

D2 CD2 21 | 20 **Hören Sie und verbinden Sie die Zahlen.**

30 21 25 39 20 42 45 26 24 33 84 43 38 37 28 48 63 82 54 81 93 75 36 72 70 67 86 83

D3 21 **Finden Sie noch 11 Wörter.**

A	C	T	E	E	D	H	W	E	I	N
W	B	M	I	L	C	H	N	F	Z	G
A	B	K	A	F	F	E	E	L	I	K
S	U	M	F	B	R	O	T	E	C	L
S	T	N	I	O	R	T	P	I	H	K
E	T	A	S	A	L	Z	T	S	E	Ä
R	E	E	C	L	M	O	B	C	R	S
H	R	G	H	O	B	S	T	H	F	E

D3 CD2 22 | 22 **Ein Brötchen hat viele Namen. Wie heißt es noch? Hören Sie und kreuzen Sie an.**
☐ Semmel   ☐ Rundstück   ☐ Wecken   ☐ Hering   ☐ Kuchen   ☐ Schrippe

Wo sagt man wie? Hören Sie noch einmal und ordnen Sie zu.

Semmel — Hamburg
Wecken — Berlin
Schrippe — Süddeutschland / Stuttgart
Rundstück — Süddeutschland / München

23 **Notieren Sie im Lerntagebuch.**

LERNTAGEBUCH

Lebensmittel

Joghurt

Obst – *essen* –

Apfel

– *trinken* – *Tee*

einkaufen

Ich möchte ...
Ich hätte gern ... ...
Ich brauche ...

...

Wo finde ich ...?
Haben Sie ...? ...

Was kostet/kosten ...? ...
Wie viel kostet/kosten ...? ...
...

Ja, bitte.
Nein, danke. ...
Das ist alles. ...
...

...

Gramm

Wie viel?

24 **Im Supermarkt – Notieren Sie.**

jekt

Was kostet ...? Was kosten ...?

1 Pfund Butter ......*kostet*...... .... 1 Liter Milch ....

2 Kilo Äpfel .... 1 Flasche Apfelsaft ....

8 Tomaten ....

Woher kommen die Produkte?

Kartoffeln aus: .... Äpfel aus: ....

Tomaten aus: .... Bananen aus: ....

Welche Wörter brauchen Sie noch im Supermarkt? Suchen Sie im Wörterbuch.
Notieren Sie 5 neue Wörter und zeichnen Sie.

Wurst

Spaghetti

A2

1   **Ergänzen Sie: *der – das – die* und ordnen Sie die Wörter.**

Küche ● Zimmer ● Wohnzimmer ● Balkon ● Schlafzimmer ● Kinderzimmer ● Toilette

ein / ......*der*......	ein /	eine / ....
Flur	*Bad*	*Wohnung*

A2

2   **Ergänzen Sie: *ein – eine – der – das – die***

● Herzlich willkommen. Das ist meine Wohnung.

▲ Schön! Aber sagen Sie mal, ist hier auch .... Bad?

● Natürlich, hier ist alles: .... Schlafzimmer, ... Wohnzimmer,

.... Küche, auch .... Bad und .... Balkon.

▲ Wo ist denn .... Wohnzimmer?

● .... Wohnzimmer ist hier.

▲ Und wo ist .... Schlafzimmer?

● Hier ist .... Schlafzimmer.

▲ Und .... Küche?

● .... Küche ist dort.

▲ Und .... Bad ist hier?

● Ja, das ist mein Bad.

3 Ergänzen Sie: *hier – dort*

● hier   → ● dort

Ist Lara schon da?

Ja, ... bin ich und .... kommt Mama.

Und .... ist der Garten.

Super! Ist Miriam auch da?

Ja, ... ist sie und .... ist auch Manuel.

4 Ergänzen Sie.

eine Hauptstadt ● die Hauptstadt ● ein Hase ● der Hase ● ein Foto ● Das Foto ● eine Stadt ●
Die Stadt ● ein Supermarkt ● Der Supermarkt ● eine Bäckerei ● die Bäckerei

a Wien ist .... Wien ist ....von Österreich.

b Hamburg ist .... in Norddeutschland. .... ist sehr schön.

c Das ist .... von Niko. .... ist schon sehr alt.

d Schnuffi ist .... Schnuffi ist .... von Sara.

e

● Entschuldigung. Ist hier ....?

▲ Ja, „Alleskauf" ist hier.

  Und dort ist „Miniplus". .... ist

  gut und billig.

● Ist im „Alleskauf" auch ....?

▲ Ja, ... „Backfrisch".

4 | A | Das Bad ist dort.

A2

5   Ergänzen Sie: *ein – eine – der – das – die* oder /

a   ◆ Ich gehe jetzt in den Supermarkt. Ist noch ...../...... Obst da?

       Und auch noch .... Mineralwasser?

     ▲ Oh, hier sind .... Sonderangebote: .... Mineralwasser

       kostet nur 42 Cent pro Flasche, auch .... Obst ist

       nicht teuer und .... Rindfleisch kostet 7 Euro 49.

     ◆ Wir brauchen aber kein Rindfleisch.

     ▲ Im Supermarkt ist auch .... Bäckerei.

     ◆ Ja, und?

     ▲ .... Brot dort ist sehr gut!

b   ◆ Entschuldigung, ist hier .... Telefon?

     ▲ Ja, ... Telefon ist dort.

c   ◆ Guten Tag, ich möchte Frau Andreotti sprechen.

     ▲ Entschuldigung, wie ist .... Name?

     ◆ Andreotti, Maria.

d   ◆ Das ist .... Wein aus Italien.

     ▲ Hmm, ... Wein ist sehr gut.

e   ◆ Ich wohne in Frankfurt.

     ▲ Ist das .... schöne Stadt?

f   ◆ Machen Sie bitte .... Übung 4. Hier ist .... Beispiel.

     ▲ Tut mir leid, ... Beispiel verstehe ich nicht.

g   ◆ Was möchtest du? Hier ist .... Apfelkuchen und

       .... Schokoladenkuchen. .... Apfelkuchen

       ist von Angela und .... Schokoladenkuchen ist von Andreas.

die Bäckerei
das Beispiel
das Brot
das Fleisch
der Kuchen
das Mineralwasser
der Name
das Obst
das Sonderangebot
die Stadt
das Telefon
die Übung
der Wein

Das Zimmer ist **nicht** groß. – Stimmt, **es** ist sehr klein.

B   4

6 **Ergänzen Sie:** *er – es – sie*

a ● Wie gefällt Ihnen die Wohnung?   ■ Gut, und .... ist billig.

b ● Wie gefällt Ihnen die Stadt?   ■ .... ist sehr schön.

c ● Wie gefällt Ihnen das Buch?   ■ .... ist sehr gut.

d ● Wie schmeckt Ihnen das Fleisch?   ■ .... ist sehr gut.

   Und der Wein?   .... ist auch sehr gut.

e ● Wie gefällt Ihnen das Haus?   ■ .... ist sehr schön.

7 **Schreiben Sie die Sätze in Ihrer Sprache. Vergleichen Sie.**

Die Wohnung ist **groß**.   ....

Das Wohnzimmer ist **groß**.   ....

Der Balkon ist **groß**.   ....

8 **Schreiben Sie die Sätze mit** *nicht*.

a Das Zimmer ist klein.   ....

b Die Wohnung ist billig und sie ist groß.   ....

c Die Musik ist schön.   ....

d Das Getränk *fan-fit* schmeckt gut.   ....

e Das ist die Rosenheimer Straße.   ....

f Das ist meine Schwester.   ....

9 **Lesen Sie und schreiben Sie.**

Also, Sie sind Fernando Alvarez und Sie kommen aus Mexiko. Sie sind 35. Ihre Frau heißt Maria Alvarez und Sie wohnen in Nürnberg. Sie sprechen Englisch und Sie lernen Deutsch.

Stopp, Stopp, das ist nicht richtig.

Ich bin nicht ....

....

....

....

....

Ich spreche schon gut Deutsch!

C1 Phonetik **10** **Hören Sie und markieren Sie die Betonung /.**
CD2 23

wohnen – das Zímmer – das Wóhnzimmer – das Schláfzimmer – das Kínderzimmer●
die Küche – der Schrank – der Küchenschrank – der Kühlschrank●
waschen – die Maschine – die Waschmaschine ● der Wein – die Flasche –
die Weinflasche ● das Land – die Karte – die Landkarte

CD2 24 **Hören Sie noch einmal und sprechen Sie nach.**

C1 **11** **Was fehlt hier? Schreiben Sie.**

<u>a</u>

<u>b</u>

<u>c</u> ...

der ....

.... <u>d</u>  <u>e</u>

....

C2 **12** **Suchen Sie im Wörterbuch.**

Regal – *der*, *das* oder *die*?

 .... Regal die ....

So finden Sie es im Wörterbuch:

 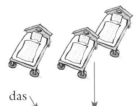 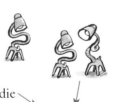 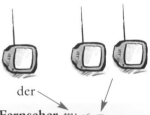

das ↘ die ↘ der ↘

Stuhl *der; -(e)s, Stühle* **Bett** *n; -(e)s, -en* **Lampe** *f; -, -en* **Fernseher** *m; -s, –*

der Stuhl, die Stühle das Bett, die Betten die Lampe, die Lampen der Fernseher, die Fernseher

n = neutral = das m = maskulin = der f = feminin = die

13 Ergänzen Sie.

der Stuhl	_die Stühle_	das Haus	....
der Tisch	....	die Wohnung	....
die Lampe	....	das Zimmer	....
das Sofa	....	der Schrank	....
das Bett	....		

14 Was passt?

die Lampen?
die Wohnung?
Wie gefällt Ihnen
die Möbel?
Wie gefallen Ihnen
das Haus?
der Tisch?
die Stühle?

Schreiben Sie die Fragen und antworten Sie.

Gar nicht. Sie sind hässlich. ● Gut. Sie sind sehr schön. ● Sehr gut. Es ist schön. ●
Nicht so gut, aber sie ist billig. ● Es geht. Er ist sehr groß. ● Ganz gut und sie sind nicht teuer.

◆ _Wie gefällt Ihnen_...

● ....

◆ _Wie_...

● ....

◆ _Wie_...

● ....

◆ _Wie_...

● ....

◆ _Wie_...

● ....

4 C Ich habe nicht viele **Möbel.**

C2

15 Ergänzen Sie: *der – das – die – ein – eine – er – es – sie*

ein / der	→	*er*
...... /	→	*es*
eine /	→	*......*
... / die	→	*......*

■ Haben Sie Schränke, Sofas und auch Waschmaschinen?

▲ Ja natürlich, wir haben alles. .... Schränke und .... Sofas sind hier,

  .... Waschmaschinen dort. Wie gefällt Ihnen zum Beispiel .... Schrank hier?

■ Gut, ... ist schön und groß. Was kostet ....?

▲ 45 Euro. Hier ist noch .... Schrank, ... kostet 60 Euro.

■ Und .... Sofa dort?

▲ 30 Euro, ... ist alt, aber sehr schön.

■ Aha, und was kosten .... Waschmaschinen?

▲ .... kosten 60 – 120 Euro. Hier ist .... Maschine zu 70 Euro und

  .... Maschine dort kostet 120 Euro. .... ist neu.

C2

16 **Notieren Sie im Lerntagebuch. Ordnen Sie die Wörter in Gruppen.**
  Nehmen Sie die Wortliste ab S. 128 und ergänzen Sie *der*, *das* oder *die*.

Abend ● Adresse ● Antwort ● Apfel ● Baby ● Banane ● Brot ● Brötchen ● Bruder ● Buch ●
Buchstabe ● Dame ● Ei ● Familie ● Familienname ● Firma ● Fisch ● Flasche ● Fleisch ● Formular ●
Frage ● Frau ● Freund ● Gemüse ● Gespräch ● Getränk ● Hausnummer ● Herr ● Hunger ●
Joghurt ● Kartoffel ● Käse ● Kind ● Kuchen ● Kurs ● Land ● Lied ● Mann ● Milch ● Mittag ●
Morgen ● Musik ● Mutter ● Nacht ● Name ● Nummer ● Obst ● Orange ● Ort ● Partner ●
Partnerin ● Party ● Postleitzahl ● Salz ● Schwester ● Sohn ● Spiel ● Sport ● Sprache ● Stadt ●
Straße ● Tag ● Tee ● Telefonnummer ● Text ● Tochter ● Tomate ● Vater ● Vorname ● Wein ● Wort

LERNTAGEBUCH

der Abend, die Abende
der Morgen, ...
die Nacht, ...
...

die Adresse, die Adressen
die Straße, ...
...

der Name, ...
der Vorname, ...
...

der Buchstabe, ...
das Wort, ...
...

Was kostet denn die Wohnung? –
650 Euro im Monat.

D **4**

Projekt **17**   **Wohnungsanzeigen lesen und verstehen**

Ap., ca. 30 m², möbliert, € 300 inkl. NK + KT 0761/4330915	**3-Zi.-Whg.**, 84 m², Balkon, 680,- € + NK + TG, Südbau Immobilien 07632/485311	Von Privat: **helle 4-Zi.-Whg.**, schöner, gr. Balk., KM 550 Euro + NK / KT 07668/94 26 30
2-Zi.-Whg., kl. Garten, ca. 55 qm, EBK, ab sofort für € 450 Warmmiete zu vermieten 07633/2164	**Schöne 3-Zi.-Whg.**, 80 qm, 2 Balkone, Garage, KM 510,- € + NK € 110, 2 MM KT 0172-4885632	

Was bedeutet das? Fragen Sie.

Ap. ● Zi. ● Whg. ● KM ● Warmmiete ● NK ● MM ● KT ●
inkl. ● gr. ● kl. ● ca. ● Balk. ● EBK ● TG ● Von Privat

**Machen Sie ein Plakat für die Klasse.
Zum Beispiel so:**

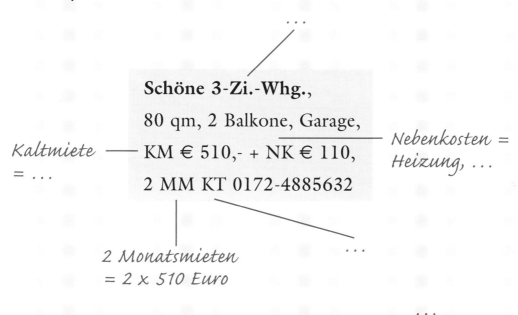

neunundneunzig **99**   LEKTION 4

E3 Phonetik 18
CD2 25
Hören Sie und markieren Sie: e, i lang (e, i) oder kurz (e, i).

das Bett ● Gute Idee! ● die Adresse ● zehn Meter ● sechzig Zentimeter
die Miete ● der Tisch ● das Zimmer ● die Musik ● die Familie

CD2 26
Hören Sie noch einmal und sprechen Sie nach.

E3 Phonetik 19
CD2 27
Hören Sie und sprechen Sie nach.

Ich lebe jetzt in England. ● Möchten Sie Tee? ● Lesen Sie bitte den Text. ●
Die Miete ist billig. – Das ist richtig. ● Wo ist das Kinderzimmer? – Hier links. ●
Ein Liter Milch, ein Kilo Fisch.

E3
20 **Sie brauchen noch Möbel. Wo rufen Sie an? Notieren Sie die Telefonnummern.**

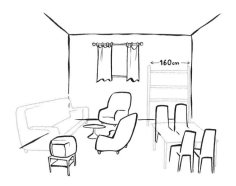 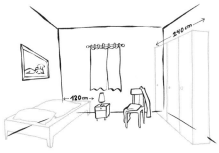

Schlafzimmer komplett, Schrank H 227 B 2,20, Bett 180x200, 3 Jahre alt, für € 900,-, 0170-5229386	**Wohnzimmerschrank** H 2 m B 2,80m 120 €; Kinderbett 1,40 m 70 €; 2 Sessel 80 €, 0761/5574915
Kleiderschrank, 4-tür., H 2,38m B 2,20 m € 200,-; 2 Betten 90x200, € 180,-. VHB, 07623/3184	**Esstisch**, rund, 4 J. alt e 45; Sofa € 35,-. 0172-6177465
Sofa, Leder schwarz, sehr bequem, € 60,-. 07658/1735	**Verkaufe Bett** 1x2 m + Matratze € 60,-; 2 Regale H 1,80 B 0,95 € 90, 07665/51614
Sofa + 2 Sessel, neu, € 400; Regal H 1,70 B 1,50 E 80 VHB Tel. 0172-2169800	**Schreibtisch** 120 b/0,72 h/0,80 t Euro 50; Tel. 0170-933656
Franz. Bett aus Metall mit Matratze 140x200 € 160,- VHB. 0173-4485609	**Tisch (2,10x100)** 6 Stühle, Fernsehtisch alles zusammen € 300 VHB. 07663-5520

H/h = Höhe/hoch   B/b = Breite/breit   T/t = Tiefe/tief

VHB = Verhandlungsbasis

160 Euro! ● Na ja ... 120? ● Nein, 140. ● O.k.

21   **Notieren Sie im Lerntagebuch.**

grün: der … blau: das … rot: die …

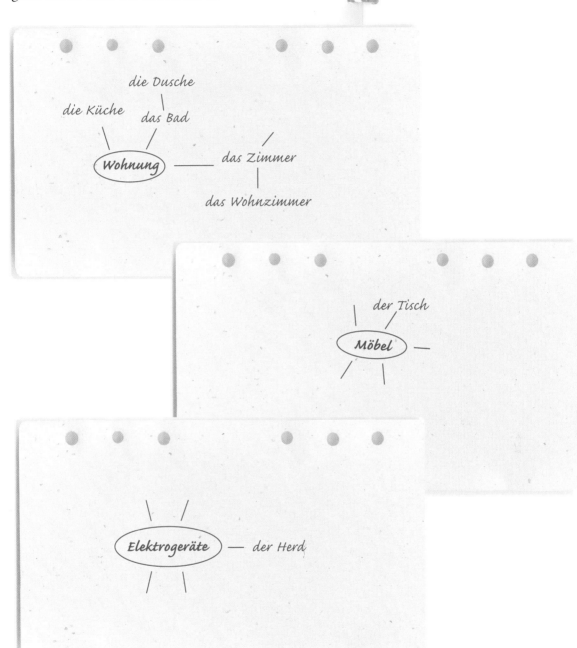

die Dusche

die Küche   das Bad

Wohnung ── das Zimmer

das Wohnzimmer

der Tisch

Möbel ──

Elektrogeräte ── der Herd

A4 **1** **Ergänzen Sie:** *vor – nach*

Ein Uhr. / Eins.
Zwei Uhr. / Zwei.

Fünf ....*vor*............ zwei.

Zehn .... zwei.

Viertel .... zwei.

Zwanzig .... zwei.

Zehn .... halb zwei.

Fünf .... halb zwei.

Fünf ....*nach*............ eins.

Zehn .... eins.

Viertel .... eins.

Zwanzig .... eins.

Zehn ...*vor*............ halb zwei.

Fünf .... halb zwei.

Halb zwei.

A4 **2** **Ordnen Sie zu.**

1 Halb vier. 2 Viertel vor zehn. 3 Zwanzig nach zehn. 4 Fünf nach halb acht. 5 Viertel nach zwei.
6 Kurz vor zwölf. 7 Zehn vor halb fünf. 8 Halb acht. 9 Zehn nach fünf. 10 Fünf nach drei.
11 Zehn vor neun. 12 Fünf vor halb vier. 13 Fünf vor acht. 14 Kurz nach eins. 15 Zwanzig vor drei.

8 07:30	☐ 15:30	☐ 11:58	☐ 14:15	☐ 09:45
☐ 10:20	☐ 02:40	☐ 16:20	☐ 17:10	☐ 08:50
☐ 19:35	☐ 07:55	☐ 03:05	☐ 15:25	☐ 01:02

A4 **3** Schreiben Sie die Uhrzeit.

a Halb drei.   ...*2:30*... ...*14:30*...   **g** Viertel nach elf.   ....

b Viertel vor zehn.   ....   **h** Fünf nach zwölf.   ....

c Viertel nach sechs.   ....   **i** Fünf vor halb fünf.   ....

d Zwanzig nach sieben.   ....   **j** Zehn vor halb eins.   ....

e Zehn nach neun.   ....   **k** Fünf vor halb vier.   ....

f Zwanzig vor acht.   ....   **l** Zehn nach halb zehn.   ....

A4 **4** **Ergänzen Sie:** *schon – erst* **und die Uhrzeit.**

a ◆ Oh, es ist .... 12 Uhr.   **b** ■ Schnell, ins Bett!

● Nein, es ist ....*erst*........   Es ist .... neun Uhr.

....   ▲ Nein, es ist ....

5   Markieren Sie und schreiben Sie.

a Frau Bond steht früh auf. ....*aufstehen*..........   **f** Sie räumt die Wohnung auf.

b Sie macht das Frühstück. ....

c Sie arbeitet bis 12 Uhr. ....   **g** Sie ruft Freunde an. ....

d Sie kauft im Supermarkt ein. ....   **h** Sie sieht noch ein bisschen fern.

e Sie kocht das Mittagessen. ....

6   Ergänzen Sie und markieren Sie.

a   Markus sieht   fern.

jeden Abend   Markus sieht ......*jeden Abend*......... fern.

um acht Uhr   Markus sieht ......*jeden Abend*.................................. fern.

b   Ich räume   auf.

jetzt   *Ich*..

mein Zimmer   *Ich*..

c   Ich rufe   an.

meine Eltern   *Ich*..

in Hamburg   *Ich*..

7   Notieren Sie im Lerntagebuch.

LERNTAGEBUCH

- auf/stehen   Ich stehe früh auf.
  an/rufen   ...
- auf/räumen   ...
  ein/kaufen   ....

8   Lesen Sie.   Was denkt Miriam? Schreiben Sie.

Hallo Miriam, bitte
– Zimmer aufräumen
– Brot und Butter einkaufen
– auch Hausaufgaben machen!!
– Papa anrufen
– nicht vor 18 Uhr fernsehen!
– um 9 Uhr ins Bett gehen!
Gruß Mama

O.K. Mama.

Ich ....*räume mein Zimmer auf*................................

Ich ....

Ich ....

Ich ....

Ich ....

Ich ....

B2 **9** Was machen Sie im Deutschkurs? Ordnen Sie zu.

1 hören und sprechen   4 fragen und antworten   7 hören und ankreuzen
2 eine Tabelle ausfüllen   5 Wörter markieren   8 Fotos und Wörter zuordnen
3 Texte schreiben   6 Wörter ergänzen

1	2	3	4	5	6	7	8
			E				

B2 **10** Antworten Sie.

an/kreuzen
aus/füllen
zu/ordnen

a ◆ Was machst du da? ▲ Ich ....

b ◆ Und er? ▲ Er ....

c ◆ Was macht ihr denn? ▲ Wir ....

d ◆ Und was machen Martina und Olga? ▲ Sie ....

B3 **11** Was machen Sie gern? Was machen Sie nicht gern?
Suchen Sie im Wörterbuch.

gern	nicht gern
1	1 ....
2	2 ....
3	3 ....

Schreiben Sie.

Ich spiele gern Karten   *Ich stehe nicht gern früh auf*

1 ....   1 ....
2 ....   2 ....
3 ....   3 ....

Ich stehe **von** Montag **bis** Freitag
um fünf Uhr auf.

C 5

12 **Lesen Sie. Wie heißen die Tage?**

m o d i m i d o f r s a s o

Montag........ ....

| **Samstag:** in Norddeutschland auch Sonnabend |

.......*Wochenende*.......

13 **Ergänzen Sie: *um – am – von neun bis zwölf Uhr***

a ◆ Machst du .... Sonntag das Frühstück?

● Ja, aber ich stehe früh auf.

◆ Wann?

● .... acht Uhr.

◆ Was? .... Sonntag möchte ich nicht

.... acht frühstücken.

b ■ Was machst du .... Donnerstag?

▲ Ich habe ....

.... Kurs. Warum fragst du?

■ Gehen wir einkaufen?

▲ Ja gerne. Wann?

■ .... zwei.

14 **Ergänzen Sie.**

Hallo John, ha........ du .... Samstag Zeit? .... 3 Uhr komm....... Uli und Petra zum Kaffee. Komm........ du auch? Und .... Sonntag spiel........ wir Fußball, ... 10.
Eva :–))

Hallo Eva, tut mir leid, ... Wochenende hab........ ich gar keine Zeit. .... Samstag mach........ ich einen Intensivkurs .... 9 .... 12 und .... 14 .... 18 Uhr. Und .... Sonntag komm........ meine Mutter.
John :–((

15 **Schreiben Sie Dialoge.**

a wir – Donnerstag – Fußball? ●
17–18 Uhr ● Bis Donnerstag! ●
Wann? ● Ja, gut.

■ *Spielen wir*...
▲ ....
■ ....
▲ ....

b Tag, Frau Klein ● Warum? ●
Freitag – Zeit? ● mein Mann –
Geburtstag ● wir – eine Party ●
Sie – auch? ● 18 Uhr ●
Sehr gerne. Wann?

▲ *Tag, Frau Klein. Haben Sie*.........................
■ ....
▲ ....
....
■ ....
▲ ....

D3 **16** **Ergänzen Sie die Tageszeiten.**

..am..

D3 **17** **Tinas Tag. Lesen Sie und schreiben Sie.**

Tina steht jeden Tag früh auf.   *Jeden Tag steht Tina früh auf*

Sie macht am Morgen das Frühstück.   *Am Morgen*

Sie räumt am Vormittag die Wohnung auf.   *Am Vormittag*

Sie kauft dann im Supermarkt ein.   *Dann*

Sie kocht um halb eins das Mittagessen.   *Um halb eins*

Sie arbeitet von 14 bis 18 Uhr im Laden.   *Von 14 bis 18 Uhr*

Sie ist am Abend sehr müde.   *Am Abend*

Schreiben Sie die Sätze in Ihrer Sprache und vergleichen Sie.

Am Morgen ...   *Dann ...*

D3 **18** **Saras Tag. Lesen Sie und markieren Sie.**

Sara ~~geht~~ am Vormittag in die Schule. Sie macht am Nachmittag Hausaufgaben.

Sie spielt dann ein bisschen. Sie geht um vier Uhr zum Tanzkurs.

Sie geht um neun Uhr ins Bett.

Tragen Sie die Sätze ein.

Sara	*geht*	*am Vormittag*	
Am Nachmittag			

19 Brunos Tag. Schreiben Sie.

a Bruno – aufstehen – um fünf Uhr

b Dann – er – zum Großmarkt – fahren

c Von 7 bis 19 Uhr – er – im Laden – arbeiten

d Dann – die Kasse – er – machen

e Zu Hause – fernsehen – noch ein bisschen – er

f er – sehr müde – sein – Am Abend

a *Bruno* ....

b ....

c ....

d ....

e ....

f ....

20 Notieren Sie im Lerntagebuch.

LERNTAGEBUCH

arbeiten	*ich arbeite*	*du arbeitest*	*er/sie arbeitet*	*Arbeitest du heute?*
essen	*ich esse*	*du isst*	*er/sie …*	*Isst du gern Obstkuchen?*
fern/sehen	*ich sehe fern*	*du siehst fern*	*er/sie …*	*…*
sprechen	*ich spreche*	*du sprichst*	*er/sie …*	*…*

21 Hören Sie und sprechen Sie nach.

das Buch – die Bücher ● mein Bruder – meine Brüder ● das Frühstück ● die Küche ● das Gemüse ● der Mann – die Männer ● der Apfel – die Äpfel ● der Käse ● das Getränk ● das Gespräch ● hässlich ● mein Sohn – meine Söhne ● eine Tochter – drei Töchter ● das Brot – die Brötchen ● das Wort – die Wörter ● schon – schön

Hören Sie noch einmal und markieren Sie lang (ü, ä, ö) oder kurz (ü, ä, ö).

22 Hören Sie und sprechen Sie nach.

Bist du noch müde? ● Frühstück um fünf? Nein, danke! ● Ich hätte gern Käse. ● Er geht spät ins Bett und er steht sehr spät auf. ● Ich möchte bitte zwölf Brötchen. ● Robert hört am Morgen Musik. ● Sind die Möbel schön? – Nein, sie sind hässlich.

23 Sie schreiben e, aber Sie hören ä. Wo hören Sie ä? Kreuzen Sie an.

meine Schwester	☐	Das Bett ist gelb.	☐
zehn Meter	☐	Wie geht's?	☐
sechzig Personen	☐	Essen wir jetzt etwas?	☐
Sie sprechen gut Englisch.	☐	Ich lebe in Erfurt.	☐

Kennst du meine Adresse? ☐
Lesen Sie bitte. ☐

E4 **24** Lesen Sie das Fernsehprogramm und schreiben Sie die Uhrzeiten.

20.00 Tagesschau ☑ 15-979	**20.15 Unter Verdacht** 16:9	**20.15 Wer wird Millionär?**	**20.00 ran – SAT.1-**	**20.00 Nachrichten** 65-486
20.15 Winterfest der	TIPP ☑ Krimiserie 5-485-196	ⓓ Quizshow 562-486	**Bundesliga** 67-844	**20.15 Zwielicht** ☑ 80-058-757
TIPP **Volksmusik** 1-627-196	Eine Landpartie (2002)	Mod.: Günther Jauch	**20.15 Last Action Hero**	FILM Kriminalfilm, USA 1996
Mit André Rieu, Stefa-	Mit Senta Berger, Axel	**21.15 Echo 2003 –**	FILM Actionkomödie, 80050-115	★★★ Mit Richard Gere,
nie Hertel & Stefan	Milberg, Rudolf Krause	TIPP **Der deutsche Mu-**	★★★ USA 1993 · Mit Arnold	TIPP Laura Linney, Edward
Mross, Karel Gott u.a.	**21.45 heute-journal** ☑	**sikpreis** ⓓ 71-307-689	TIPP Schwarzenegger,	Norton u.a. · Regie:
Mod.: Carmen Nebel	Nachrichten 3-929-047	Die herausragendsten	F. Murray Abraham,	Gregory Hoblit
22.15 Tagesthemen 4-799-863	**22.00 ZDF SPORTstudio**	und erfolgreichsten	Austin O'Brien u.a.	**22.55 Supernova** 942-318
22.40 Moonraker – Streng	Berichte 6-341-689	Leistungen nationaler	Regie: John McTiernan	FILM Sci-Fi-Film, USA 2000
FILM **geheim** 🔲 ☑ 3-920-950	**23.15 Die Schöneberger-**	und internationaler	**22.50 Genial daneben –**	★★ Mit James Spader, An-
★★★ Actionfilm, GB/F 1979	**Show** 296-080	Pop-Künstler sowie	**Die Comedy Arena**	gela Bassett, Robert
Mit Roger Moore,	Zu Gast: Thomas	nationaler Unterneh-	Comedyshow 7-070-863	Foster · Regie: Walter
Lois Chiles,	Hermanns, Michael	men und Manager des	**23.35 Die Wochenshow –**	Hill, Thomas Lee
Michel Lonsdale u.a.	Mittermeyer, Alexander	Musikgeschäfts	**Classics** 3-518-950	(Free-TV-Premiere)
Regie: Lewis Gilbert	Mazza, Gabi Decker	Moderation: Frauke	Comedyshow	**0.35 Death Connection**
0.40 Tagesschau 4-453-622	**0.00 Bravo TV** 44-603	Ludowig, Oliver Geißen	Mit Ingolf Lück u.a.	FILM Actionfilm, 9-693-239
0.50 C.a.t. 2 – Die Elite	**1.00 Du & Ich** ⓓ 7-006-603	**0.15 Exclusiv Spezial:**	**0.35 Im Spiegel**	★ USA '94 · Mit Thomas
schlägt zurück ⓄⓄ	**1.30 Double Cross –**	**Echo 2003 –**	FILM **des Abgrunds**	Ian Griffith, Artur Zmi-
TV-Actionfilm, 45-852-993	FILM **Eine heiße Intrige** ⓓ	**Die Party** ⓓ 7-824-054	★★ Thriller, 9-696-326	jewski, Rutger Hauer
USA '88 · Mit Joe Cor-	★ USA 1994 · Mit Kelly	**1.15 South Park** ⓓ 1-774-055	USA 1996 · Mit Jack	R.: Bob Misiorowski
tese, Jack Youngblood	Preston, Patrick Bergin	**1.45 7 Tage – 7 Köpfe** ⓓ	Wagner, Alexandra	**2.10 Supernova** 1-033-993
Regie: William Friedkin		Comedyshow 3-021-500	Paul, Clare Carey u.a.	FILM Sci-Fi-Film, USA 2000
		2.35 Freitag Nacht News ⓓ		★★ (Wh. v. 22.55)

■ Um ..*acht Uhr*.... kommt die Tagesschau.

▲ Und was kommt am Abend?

■ Oh, um ....
kommt ein Actionfilm mit Roger Moore.

▲ Kommt auch „Wer wird Millionär"?

■ Ja, um ....

▲ Und wann kommt das „heute-journal"?

■ Um .... und
dann um .... das Sportstudio.

Um zwanzig Uhr... die „Tagesschau".

....

der Actionfilm „Moonraker – Streng geheim".

Die Quizshow „Wer wird Millionär"

um ....

Das „heute-journal" um ....

....

und um ....

das „ZDF Sportstudio".

E Prüfung
CD2 32 🔘 **25** Hören Sie drei Gespräche. Was ist richtig? Kreuzen Sie an: *a*, *b* oder *c*

1 Wann macht Timo seine Geburtstagsparty?

   a ☐ Am Montag.   **b** ☐ Am Donnerstag.   **c** ☐ Am Freitag.

2 Wann gehen Christina und Andrea einkaufen?

   a ☐ Um 1 Uhr.   **b** ☐ Um 3 Uhr.   **c** ☐ Um 6 Uhr.

3 Wo wohnt Frau Männlin?

   a ☐ In der Müllerstraße.   **b** ☐ In der Mühlenstraße.   **c** ☐ In der Müllstraße.

onetik **26** **Sprechen und Schreiben**

a **Hören Sie und markieren Sie _i, e, a, o, u_ lang (_i̱_, _e̱_, …) oder kurz (_i̤_, _e̤_, …).**

das Kind ● das Kino ● billig ● am Mittwoch ● am Dienstag ● das Zimmer ●
sie sieht fern und er isst ●
die Eltern ● ein Meter zehn ● das Bett ● der Tee ● schmecken ● essen ● kennen ●
die Nacht ● der Name ● die Kasse ● die Straße ● der Mann ● zwanzig Gramm ●
das Wort ● das Brot ● am Donnerstag ● ich komme ● der Sohn ● die Kartoffeln
sind groß ●
der Kurs ● das Buch ● die Nummer ● der Stuhl ● die Mutter ● der Fußball ● der
Fluss

b **Ordnen Sie die Wörter.**

i̱ e̱ a̱ o̱ u̱ : Kino, Dienstag, sieht, ...
          Meter, zehn, ...
          ....
          ....
          ....

i̤ e̤ a̤ o̤ ṳ : Kind, billig, ...
          ....
          ....
          ....
          ....

c **Ergänzen Sie.**

sprechen	schreiben	sprechen	schreiben	sprechen	schreiben
i̱	i, i+e, i+eh...............	a̱	a, a+ß, a+t...............	u̱	u, u+t..............................
i̤	i, i+ll, i+t................	a̤	a, a+ss, a+t...............	ṳ	u, u+mm, u+t.................
e̱	e, e+h, e+t................	o̱	o, o+t................................		
e̤	e, e+tt, e+ck, e+t.....	o̤	o, o+nn, ...o+t...........		

d **Hören Sie und ergänzen Sie. Hören Sie noch einmal und vergleichen Sie.**

1 ▲ M.........chten Sie T............?   2 ▲ Wie ist ....re Adr.........e?
   ■ Ja, g..........rn.   ■ Ludwigstr...........e z...........n.

3 Tina macht j...........den T...........g das Fr...........st......... und k.......cht das M.........ag.........en.

4 F...........nf K...........lo Kart...........eln k...........sten v...........r Euro s...........chzig.

5 500 Gr........... K...........se, bitte.

6 Meine Fam...........lie ist s...........r gr............ Ich habe s...........ben K...........nder.

6 | A

Lektion 6: Freizeit

Wie ist denn das **Wetter?** – **Es regnet**.

A3 | **1** | **Wie ist das Wetter in Hamburg, München, Köln, Dresden? Ordnen Sie zu.**

A Es regnet. Es sind sechs Grad.

B Es ist bewölkt.
Es sind plus fünf Grad.

C Die Sonne scheint, es ist kalt.
Es sind fünf Grad unter Null.

D Minus ein Grad und es schneit.

8°	(plus) acht Grad
-3°	minus drei Grad / drei Grad unter Null

Das Wetter in

Hamburg: ..C..........

München: ....

Köln: ....

Dresden: ....

Hamburg -5°

Düsseldorf

Köln 6°

Dresden 5°

Frankfurt

Heidelberg

Stuttgart *München* -1°

A3 | **2** | **Grüße aus dem Urlaub. Schreiben Sie.**

wir – zwei Wochen – Griechenland ● Wetter – ☺ ● ☼ ● 35° ● alles – sehr schön

HELLEN 'ARt Editions

ΑΡΙΣΤΟΤΕΛΕΙΟ ΠΑΝΕΠΙΣΤΗΜΙΟ **200**
75 χρόνια € 0,59
2001
ΕΛΛΗΝΙΚΗ ΔΗΜΟΚΡΑΤΙΑ HELLAS

Hallo Ivana,

wir sind

Das Wetter

Liebe Grüße

Dorothea

---

3 **Sehen Sie die Karte in Übung 1 an und antworten Sie.**

a Wo liegt Hamburg? Im *Norden* ....

b Wo liegt München? Im ....

c Wo liegt Köln? Im ....

d Wo liegt Dresden? Im ....

e Wo regnet es? *In Köln* .... und ....

f Wo scheint die Sonne? ....

g Wo schneit es? ....

h Wo ist es bewölkt? ....

Norden
Westen · Osten
Süden

4 **Ordnen Sie zu.**

Norden • Montag • Deutschland • 3 Uhr • München • Sommer •
Vormittag • der Nacht • Winter • Abend • kurz vor sieben • der Türkei

im *Norden,* .... am ....

....

um .... in ....

....

5 **Nein! Ergänzen Sie.**

● Das Wetter ist schön.

▲ Nein, es ist *nicht schön* .... Es ist kalt.

● Nein, es ist *nicht* ...., es ist warm.

▲ Aber es regnet! Und es ist windig!

● Nein, es ....

Und es ist auch ....

> Ich gehe nicht gerne spazieren.
> Nein, danke. Ich möchte keine Banane.

6 **Ergänzen Sie: *nicht – kein – keine***

a Das Wetter ist .... schön. Wir machen .... Picknick.

b Ich bin noch so müde. Ich möchte .... Frühstück. Ich stehe .... auf.

c ● Papa, spielst du mit mir?

▲ Nein, heute .... mehr, es ist schon neun Uhr.

● Es ist noch .... neun. Es ist erst Viertel vor neun.

d ◆ Kochst du gern?

▲ Nein, ich koche gar .... gern.

e ■ Ihre Kinder sind aber schon groß!

▲ Das sind .... meine Kinder. Ich habe .... Kinder.

6 | A | Wie ist denn das **Wetter? – Es regnet.**

7 Schreiben Sie.

Nein, heute ist Sonntag! Wir machen ein Picknick.

○○ zum Großmarkt fahren
im Laden arbeiten

○○ *Heute fahre ich nicht.*
....
Heute ....
....

○○ die Wohnung aufräumen
einkaufen gehen
Mittagessen kochen

○○ *Heute* ....
....
Ich gehe ....
....
Heute ....
....

○○ in die Schule gehen
Hausaufgaben machen
zum Tanzkurs gehen

○○ *Heute* ....
....
Ich ....
....
Heute ....
....

A4 8 **Tut mir leid, heute nicht! Schreiben Sie die SMS.**

kommen heute • Zeit haben • kommen
Samstag 15 Uhr

>>> GPRS

Hallo Andrea,
wann kommst du
heute Nachmittag?
Neven

Internet   Menu

>>> GPRS

Hallo Neven,
tut mir leid, ich
....
....
....
....
Andrea

Internet   Menu

A4 9 **Schreiben Sie, was Sie heute alles nicht machen.**

....
....
....

Und wo ist der Salat? Hast du **den** Salat?

B

6

10   **Was passt? Schreiben Sie.**

	den Salat?	*Wo ist der Käse, der Salat*
	der Käse?	
Wo ist	den Saft?	*Wer macht den Salat,*
Wer macht	der Salat?	*Hast du den Salat,*
Hast du	den Wein?	
Wer kauft	den Mann?	
Wie schmeckt	den Kuchen?	
Wie heißt	der Mann?	
Kennst du	der Wein?	
	der Kuchen?	

11   **Hast du den Salat?**

a   **Hören Sie und sprechen Sie nach.**

◆ Nina, hast du den Salat? ▲ Nein, den Salat habe ich nicht, aber die Tomaten.

◆ Hast du die Cola? ▲ Nein, die Cola habe ich nicht, aber das Mineralwasser.

b   **Fragen Sie weiter und antworten Sie wie in a. Hören Sie dann und vergleichen Sie.**

◆ Hast du das Brot? ▲ Nein, das Brot habe ich nicht, aber die Brötchen.

Brot? – B~~r~~ot / Brötchen Saft? – S~~af~~t / Wein Obst? – O~~bst~~ / Kuchen

Tee? – T~~ee~~ / Kaffee Milch? – Mil~~ch~~ / Zucker Wurst? – W~~urst~~ / Käse

c   **Ergänzen Sie.**

Was hat Nina im Einkaufswagen?	Was hat sie nicht?
die Tomaten, das Mineralwasser, die Brötchen	*den Salat, die Cola, ...*

12   Geburtstagsparty. Schreiben Sie auf Seite 114.

Was brauchen wir?

Wer macht was?
Wer kauft was?

Kuchen, Kaffee, Milch
Obst
Wein, Apfelsaft, Mineralwasser
Eiersalat
Brot, Fleisch, Käse

6 B Und wo ist der Salat? Hast du **den** Salat?

Kuchen – meine Mutter ● Robert – Kaffee, Milch, Obst ● Wein, Apfelsaft – ich ● Mineralwasser – schon da ● Nudelsalat – meine Mutter ● du – Brot, Wurst, Käse?

Meine Mutter macht den Kuchen, Robert kauft ....

....

....

....

....

....

B3   **13**   **Im Deutschkurs. Ergänzen Sie.**

der Text ● das Wort ● der Satz ● der Dialog ● die Übung

a   Schreiben Sie bitte *..den Satz / das Wort..........* an die Tafel. (Satz, Wort)

b   Erklären Sie bitte .... (Wort)

c   Ich möchte .... noch einmal hören. (Dialog)

d   Ich verstehe .... nicht. (Wort, Übung)

e   Wiederholen Sie bitte .... (Satz)

f   Buchstabieren Sie bitte .... (Wort)

g   Wir machen jetzt .... drei. (Übung)

h   Lesen Sie bitte .... noch einmal. (Text, Satz)

B4   **14**   **Bilden Sie zusammengesetzte Wörter.**

das Obst + **der** Saft = **der** Obstsaft

der Apfel
|
das Obst — **der Saft**
|
die Orange (+n)

die Tomate (+n)
|
das Obst — **der Salat**
|
die Kartoffel

der Apfel
|
das Obst — **der Kuchen**
|
die Schokolade (+n)

der Obstsaft, der ....

....

....

15 **Ergänzen Sie.**

a ● Was ist das denn?
　　■ Ein Auto.
　　● Nein, das ist *kein* Auto.
　　■ ....! Das ist ein Auto.

b ● Und was ist das?
　　■ Ein Apfel.
　　● Nein, das ist .... Apfel.
　　■ ....! Das ist ein Apfel.

16 **Ergänzen Sie: *Ja – Nein – Doch***

● Sag mal, schmeckt der Kuchen nicht?

■ ...., er schmeckt sehr gut.

● Ist der Kaffee schon kalt?

■ ...., er ist noch sehr warm. Hast du Zucker und Milch?

● ...., hier bitte.

■ Kommt Marion nicht?

● ...., sie hat keine Zeit.

■ Dann essen wir den Kuchen eben allein.

17 **Ergänzen Sie: *ein – eine – einen***

● Was hast du für das Picknick?

■ *Ein*................. Käsebrot, ... Apfel, zwei Bananen
　und .... Schokomilch.

● Ich habe zwei Wurstbrote. Hier hast du .... Wurstbrot,
　ich möchte gern .... Banane.

18 **Ergänzen Sie: *ein – einen – keinen***

● Was möchten Sie zum Frühstück?

■ Ich hätte gern ......*ein*......... Ei, ... Orangensaft,
　...................................... Brötchen und .... Joghurt.

● Möchten Sie .... Kaffee?

■ Nein danke, ... Kaffee.

● Auch .... Tee?

■ Nein, auch .... Tee.

C4   19   Ergänzen Sie.

● Sagen Sie, haben Sie auch ......*einen*............... Hund?

■ Ja, sicher habe ich .... Hund.

● Ach, Sie haben .... Hund.

■ Doch! Ich habe einen Hund.

● Sagen Sie, ... Fernseher?

■ Ja, natürlich ....

● Ach, Sie haben ....

■ ....! ....

● Haben Sie .... Computer?

■ Ja, ...

● Ach, ...

■ ....! ....

C4   20   Ergänzen Sie: *ein – eine – einen – den – das – die*

Liebe Heike,

endlich habe ich .... Wohnung! Sie ist klein: .... Wohnzimmer,
.... Schlafzimmer, ... Küche und .... Bad. .... Küche
ist sehr klein. Ein paar Möbel habe ich auch schon: .... Tisch, zwei Stühle,
.... Sofa, ... Schrank und .... Bett. .... Sofa ist sehr alt –
von meiner Schwester –, ... Schrank und .... Bett habe ich von
meinen Eltern.
Ich hätte auch gerne noch .... Lampe und .... Fernseher. Aber zuerst
brauche ich .... Kühlschrank und einige Stühle.
Ich möchte nämlich eine Party machen und da möchten sicher alle auch mal sitzen.
Ach ja, ich möchte dich zu meiner Party einladen: Freitag, 26. 9. – 19 Uhr –
Hauptstraße 5.

Ich hoffe, du kommst!

Bis dahin liebe Grüße
Ulrike

onetik

21   **Hören Sie und sprechen Sie nach. Achten Sie auf die Betonung ∕.**

lesen ● schwimmen ● tanzen ● schlafen ● Briefe schreiben ● Freunde treffen ●

lesen ● Lesen Sie bitte. ● Lesen Sie die Sätze.

kommen ● Kommen Sie? ● Kommen Sie bitte.

Einen Kaffee und einen Kuchen bitte. ● Möchten Sie einen Tee?

Heute gehe ich nicht in die Schule.

22   **Ordnen Sie zu.**

3 Musik hören   ☐ fernsehen   ☐ kochen   ☐ Sport machen   ☐ spazieren gehen   ☐ tanzen

☐ ins Kino gehen   ☐ Fahrrad fahren   ☐ Briefe schreiben   ☐ Freunde treffen   ☐ spielen

D3

23 Was passt? Unterstreichen Sie.

a

Ich kochen/koche sehr gern.
Mein Mann kocht/kochst sehr gut
und er esse/isst auch sehr gern.

Was machen Sie
in der Freizeit?

b

Ich sieht/sehe viel fern.
Ich gehst/gehe nicht ins Kino,
das ist/sind teuer.

c

Wir tanze/tanzen gern.
Sandra tanzen/tanzt sehr gut.

d

● Ich macht/mache sehr viel Sport.
Jeden Samstag gehe/gehen ich
schwimmen, dann fahren/fahre ich
Fahrrad und dann ...
■ Sind Sie verheiratet?
● Ja.
■ Was macht/machst denn Ihr Mann?
● Er sehe/sieht fern oder er liest/lest
oder er triffst/trifft Freunde.
■ Was machen Sie am Sonntag?
● Am Sonntag Vormittag spielt/spiele
ich Volleyball und dann gehen/
gehe wir spazieren.

e

Ich habt/habe nicht viel Freizeit,
ich arbeite/arbeitet sehr viel.
Mein Freund bin/ist immer müde und
schläft viel oder fahrt/fährt ein bisschen
Fahrrad.

D3

24 Und was machen Sie in der Freizeit? Schreiben Sie.

D3

25 Ergänzen Sie im Lerntagebuch.

LERNTAGEBUCH

arbeiten	ich arbeite	du arbeit**est**	er/sie arbeit**et**	Arbeitest du heute?
essen	ich esse	du **isst**	er/sie ...	Isst du gern Obstkuchen?
fern/sehen	ich sehe fern	du **siehst** fern	er/sie ...	...
sprechen	ich spreche	du sprichst	er/sie ...	...
lesen	ich lese	du **liest**	er/sie ...	sie liest sehr gern.
treffen	ich treffe	du **triffst**	er/sie ...	...
schlafen	ich schlafe	du **schläfst**	er/sie ...	...
fahren	ich fahre	du **fährst**	er/sie ...	...

26 **Lesen Sie die Texte. Sind die Sätze 1–5 richtig oder falsch? Kreuzen Sie an.**

Hallo liebe Leute,

ich mache eine große Party. Ich habe nicht Geburtstag –
ich habe eine Wohnung!

Kommt bitte alle am Freitag, 26.9. in die Hauptstr. 5,
so ab 19 Uhr. Wir feiern bis zum Frühstück!

Wer bringt einen Kuchen oder einen Salat mit?

Und vielleicht auch einen Stuhl?

Viele Grüße

Ulrike

1 Ulrike feiert Geburtstag.　　☐ richtig　☐ falsch
2 Die Party ist am Freitag.　　☐ richtig　☐ falsch

Liebe Ulrike,

vielen Dank für die Einladung zu deiner Party.
Ich komme sehr gerne, aber ich habe am Freitag
immer von 10 bis 21 Uhr 30 einen Kurs.
Ich komme dann eben später. Ich habe leider keine Zeit
für einen Kuchen oder Salat, aber ich helfe gern
am Samstag Vormittag die Wohnung aufzuräumen.

Ich freue mich
Christa

3 Christa kommt zur Party.　　☐ richtig　☐ falsch
4 Sie macht einen Kuchen.　　☐ richtig　☐ falsch
5 Christa räumt mit Ulrike
　am Samstag die Wohnung auf.　☐ richtig　☐ falsch

A2 | **1** | **Ordnen Sie zu.**

ich den Text noch einmal hören?

Kannst — Sie bitte um drei Uhr anrufen?

Kann — du bitte das Wort erklären?

Können — ihr bitte das Frühstück machen?

Könnt — wir Ihnen helfen?

Selma schon gut Deutsch?

> Am Freitag möchten wir eine Grillparty machen. Können Sie auch kommen? Wir möchten auch Musik machen. Sergej kann sehr gut Gitarre spielen. Können Sie auch ein Instrument spielen?

A2 | **2** | **Tragen Sie die Sätze ein.**

Am Freitag .....*möchten*..... ....*machen*....... .

.... ?

....

....

.... ?

Schreiben Sie die Sätze in Ihrer Sprache und vergleichen Sie.

A2 | **3** | **Ergänzen Sie die Dialoge.**

Kann ich bitte ein Brötchen haben? ● Sie kann ~~nicht kommen, sie ist krank.~~ ●
Kann ich bitte das Wörterbuch haben? ● Guten Tag. Kann ich bitte Herrn Löffler sprechen? ●
Können Sie auch Englisch? ● Kann ich Ihnen helfen? ● Kannst du das bitte noch einmal sagen? ●
Kann ich bitte Zucker und Milch haben?

a ● Wo ist Nadja heute?

■ *Sie kann nicht kommen, sie ist krank.*................

b ● Ich verstehe das Wort hier nicht. Du?

■ Nein, ich auch nicht.

● ....

....

c ● Edith-Stein-Schule, Schmidt, guten Tag.

■ ....

....

● Einen Moment, bitte.

d ● Oje, ich verstehe gar nichts.

■ ....

● Ja bitte. Ich kann das Formular nicht ausfüllen.

e ● Ich hab solchen Hunger!

....

....

■ Aber natürlich.

f ● Was sprechen Sie?

■ Italienisch und Deutsch.

● ....

g ● Möchtest du einen Kaffee?

■ Ja, gerne. ....

....

h ● Wie bitte? ....

4 Ich kann nicht ..., aber mein Freund Udo kann ... Schreiben Sie.

Ich		Udo
Englisch – nicht gut • Deutsch – auch nicht so gut • tanzen – gar nicht • kochen – ein bisschen	Ja, Udo ist super!	Englisch – sehr gut • verstehen – alles • tanzen – sehr gut • kochen – super

a Ich *kann nicht gut Englisch,* .... *aber mein Freund Udo kann* ....

b Ich .... *aber Udo* ....

c Ich .... *aber Udo* ....

d Ich .... *aber Udo* ....

5 Schreiben Sie Sätze.

a ich/nicht verstehen/Sie/können/.   *Ich kann Sie nicht verstehen. Können Sie*

Sie/sprechen/können/bitte langsam/? ....

b ● Fahrrad fahren/können/am Samstag/wir/? ● ....

■ am Samstag/ich/können/nicht/. ....

du/am Sonntag/können/? ■ ....

....

c ▲ am Freitag/machen/eine Party/ich/. ▲ ....

ihr/mitbringen/einen Salat/können/? ....

....

◆ wir/machen/auch einen Kuchen/können/? ◆ ....

....

d Sie/können/erklären/das Wort/bitte/? ....

....

e Manuel/heute nicht/gehen/in die Schule/ ....

können/. ....

6 Hören Sie und sprechen Sie nach.

die Schule ● das Spiel ● die Stadt ● die Schweiz ● die Straße ●
Wie schreibt man das? ● Meine Schwester spricht Spanisch. ● Spielen wir? ●
Sprechen Sie bitte langsam! ● Entschuldigung. Ich verstehe das nicht.

Wo hören Sie „sch"? Markieren Sie: schreiben spielen

7 Hören Sie und ergänzen Sie: *sch* oder *s*

a Gehen wir ....pazieren?   **b** Wie ....pät ist es?   **c** Das ....timmt nicht.

d Buch........tabieren Sie bitte das Wort.   **e** Das ....meckt gut.   **f** Er ist ein ....portler.

g Ich brauche eine Wa........ma........ine und einen Kühl........rank.

B2   **8**   **Lesen Sie und unterstreichen Sie die Formen von *wollen*.**

a

Machst du jetzt Hausaufgaben?

Nein, ich gehe jetzt zu Hanna. Wir wollen für die Klassenparty einkaufen. Und dann gehe ich noch zu Luisa, sie will mein neues Fahrrad sehen.

Und wann willst du die Hausaufgaben machen?

Ich will gar nicht. Aber ich kann sie ja heute Abend machen.

b Was ist los?   Mein Rad ist kaputt.

Komm, wir helfen dir.   Wollt ihr das wirklich machen?

c Was macht ihr denn da?   Wollen Sie auch noch helfen?

Füllen Sie die Tabelle aus.

wollen

| ich | .... | du | .... | er/sie | .... |
| wir | .... | ihr | .... | sie/Sie | .... |

B2   **9**   **Ergänzen Sie: *wollen***

a Die Pizza schmeckt super. .... du noch ein Stück?

b .... Sie schon gehen?   Vielen Dank für den schönen Abend.

Ja, wir stehen morgen sehr früh auf.

Ich .... aber noch nicht ins Bett.

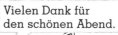

c Bringst du bitte Struppi in den Garten.   Er .... aber nicht.

Mama, wir .... ein Spiel machen.   Was .... ihr denn spielen?

10 Ergänzen Sie die Dialoge.

Ich will aber nichts essen! ● ~~Ich möchte nichts essen.~~ ● Möchtest du auch einen Kuchen? ●
Nein! Ich will jetzt fernsehen! ● Jetzt nicht. Ich möchte gern fernsehen. ●
Möchtest/Willst du nicht mitmachen? ● Ich will im Sommer einen Französischkurs machen. ●
Wie viel möchtest/willst du denn? ● Ich möchte so gern mit Sandra ins Kino gehen.

a ● Kommst du bitte, das Mittagessen ist fertig.

■ *Ich möchte nichts essen.*...

● Wir essen aber jetzt!

■ ....

b ▲ Gehen wir ein bisschen spazieren?

◆ ....

....

▲ Nur eine Stunde. Bitte!

◆ ....

....

c ● Ich mache jetzt einen Italienischkurs.

....

....

■ Nein. ....

....

d ● Trinkst du eine Tasse Kaffee?

■ Ja, gern.

● ....

....

■ Nein, danke.

e ▲ Du Papa! ....

....

Aber ich habe kein Geld mehr, nur noch

50 Cent.

● Was, du hast schon wieder kein Geld mehr?

Na ja! Gut! ....

....

Füllen Sie die Tabelle aus.

möchten

| ich | .... | du | .... | er/sie | .... |
| wir | .... | ihr | .... | sie/Sie | .... |

11 Was sagen die Personen? Schreiben Sie Dialoge.

Ich möchte ... ● Ich will ... ● Was möchten Sie?

C3

12 Ergänzen Sie.

	gearbeitet	*....arbeiten.......*	Ich *....habe.....* gestern viel *..gearbeitet................*
ich habe	gelernt	....	Wo .... du Deutsch ....?
du hast	gegessen	....	Er .... vier Brötchen ....
er/sie hat	gehört	....	Sie .... Musik ....
wir haben	gelesen	....	Wir .... den Text nicht ....
ihr habt	gemacht	....	.... ihr die Hausaufgaben ....?
sie/Sie haben	geschlafen	....	Sie .... aber lange ....
	geschrieben	....	Boris und Klara .... eine E-Mail ....
	gespielt	....	.... Sie Lotto ....?

C3

13 Ordnen Sie zu.

antworten ● fragen ● essen ● arbeiten ● hören ● kaufen ● kochen ● kosten ● leben ● lernen ● lesen ● machen ● sagen ● schlafen ● schreiben ● spielen ● treffen ● wohnen ● suchen ● finden

gefragt ● gesagt ● gearbeitet ● geantwortet ● gekocht ● gehört ● gelebt ● gemacht ● gelesen ● gespielt ● geschlafen ● gekauft ● gekostet ● gesucht ● gewohnt ● geschrieben ● gelernt ● getroffen ● gegessen ● gefunden

antworten – geantwortet, fragen –

C3

14 Machen Sie eine Tabelle im Lerntagebuch. Ordnen Sie die Wörter aus Übung 13.

LERNTAGEBUCH

ge … (e)t	er/sie	er/sie hat
antworten	*antwortet*	*geantwortet*

ge … en	er/sie	er/sie hat
essen	*isst*	*gegessen*

C3

15 Ergänzen Sie.

lernen ● schreiben ● kaufen ● schlafen ● treffen ● kochen ● sagen ● lesen ● essen

a ■ Ich gehe in den Supermarkt.
■ Wir brauchen … ▲ Ich *...habe..............* doch schon alles *..gekauft....................* .

b ■ Kinder, kommt zum Mittagessen! ▲ Was .... du heute ....?

c ■ Sprichst du Englisch? ▲ Ja, ich .... es in der Schule ....

d ■ Ist das Buch gut? ▲ Ich weiß es nicht. Ich .... es nicht ....

e ■ Wie geht es Miriam? ▲ Ich weiß es nicht. Ich .... sie lange nicht ....

f ■ Hast du etwas von Marc gehört? ▲ Ja, er .... gestern eine Mail ....

g ■ Du siehst müde aus. ▲ Ich .... heute Nacht nicht viel ....

h ■ Möchtest du einen Kuchen? ▲ Nein danke, ich .... schon zwei Brötchen ....

i ■ Was macht Lea am Wochenende? ▲ Ich weiß es nicht. Sie .... nichts ....

16 Lesen Sie und schreiben Sie.

Was macht ihr am Sonntag?

Am Sonntag schlafen wir lange.
Dann lese ich Zeitung und ich lerne ein bisschen Deutsch.
Jens hört Musik und kocht das Mittagessen.
Am Nachmittag machen wir Sport.
Am Abend spielen wir mit Freunden Karten.

Was habt ihr am Sonntag gemacht?

Am Sonntag haben wir lange geschlafen..

....

....

....

....

....

17 **Lesen Sie und antworten Sie.**

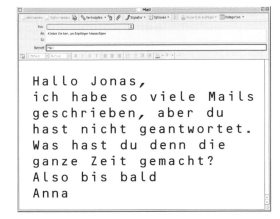

Hallo Jonas,
ich habe so viele Mails
geschrieben, aber du
hast nicht geantwortet.
Was hast du denn die
ganze Zeit gemacht?
Also bis bald
Anna

Hallo Anna,
ja, das ist richtig, ich
habe lange nicht geschrieben.
Ich habe viel...........................

....

....

....

....

....

....

....

....

....

Ich schreibe bald mehr.
Jonas

viel arbeiten ● neue Wohnung suchen ●
schöne Wohnung finden ●
viele Möbel kaufen ● Kurs machen ●
Spanisch lernen ●
im Sommer nach Spanien fahren wollen

D3 **18** Ergänzen Sie.

ich bin	gegangen	......*gehen*....	Ich .... heute nicht in die Schule ....
du bist			.... du gestern in die Schule ....?
er/sie ist	gefahren	....	Sie .... nach Berlin ....
wir sind			Wir .... am Sonntag Fahrrad ....
ihr seid	gekommen	....	Wann .... ihr nach Deutschland ....?
sie/Sie sind			Meine Eltern .... aus Russland ....

D3 **19** Ergänzen Sie die Tabelle im Lerntagebuch.

LERNTAGEBUCH

ge ... en

fahren	*er/sie*	*er/sie ist*
fahren	*fährt*	*gefahren*
...	...	...

D3 **20** Ergänzen Sie: *haben* oder *sein*

▲ Du bist so müde. Was .....*hast*... du gestern gemacht?

■ Am Nachmittag .... Maria gekommen und wir .... Fahrrad gefahren. Wir ....
bei Mario eine Pizza gegessen und dann .... wir nach Hause gefahren. Mit Luisa und
Frederic .... wir noch Wörter gelernt. Um elf Uhr .... Maria nach Hause gegangen
und ich .... noch ein bisschen Musik gehört.

▲ Du .... aber sicher wieder spät ins Bett gegangen.

D3 **21** Schreiben Sie Sätze.

a Sara / nicht in die Schule / gehen / wollen / heute *Sara will heute*....................................

b kein Diktat / Sie / schreiben / wollen ....

c gestern / Sie / nichts lernen / haben *Sie hat*...

d sie / sein / Am Mittag / fahren / mit Mama in den Supermarkt ....
....

e Dann / kommen / Katja / sein ....

f spazieren gehen / Sara / sein / mit Niko ....

g Sara / spielen / Am Abend / haben / mit Schnuffi und Poppel ....
....

h Sie / keine Hausaufgaben / machen / haben ....
....

22 Markieren Sie die Sätze und tragen Sie sie ein.

Mein Freund heißt Stephan|er hat vier Jahre in Frankreich gearbeitet jetzt möchte er wieder in Deutschland leben er hat eine Wohnung in Köln gefunden Stephan spielt sehr gut Fußball er will in einem Club spielen

..Mein..Freund.. ....heißt......... ..Stephan............... ....

....

....

....

....

....

Projekt **23** Der 1. Schultag. Machen Sie eine Wandzeitung.

Der 1. Schultag

Zum 1. Schultag gehört natürlich die Schultüte.
Viele Mütter und Kinder machen sie selbst.

Was ist in der Schultüte?
Fragen Sie und notieren Sie auf der Wandzeitung.

Prüfung **24** Sie können nicht zum Unterricht kommen. Schreiben Sie an Ihre Kursleiterin / Ihren Kursleiter.

am Montag / Dienstag / ... nicht zum Unterricht/ einen Termin beim Arzt / Kind ist krank ...

(Ihre Adresse)

1.3.20..

Liebe Frau ... / Lieber Herr ... /
Liebe ... / Lieber ...

...

Viele Grüße / Herzliche Grüße

...

Wortliste

Die alphabetische Wortliste enthält die Wörter dieses Buches mit Angabe der Seiten, auf denen sie zuerst vorkommen. Wörter, die für die Prüfung Start Deutsch 1z nicht verlangt werden, sind kursiv gedruckt. Bei allen Wörtern sind die Wortakzente gekennzeichnet. Ein Punkt (a̲) heißt kurzer Vokal, ein Unterstrich (o̲) langer Vokal. Steht der Artikel in Klammern, gebraucht man die Nomen meistens ohne Artikel. Nomen mit der Angabe „nur Singular" verwendet man nicht oder nur selten im Plural. Nomen mit der Angabe „nur Plural" verwendet man nicht oder nur selten im Singular. Trennbare Verben sind durch einen Punkt nach der Vorsilbe gekennzeichnet (an·fangen).

ab *AB 99*
der Abend, -e   10, 45, 47
der Abendkurs, -e   44
abends   41
aber   10, 20, 33
der Abschied, -e   15
der Abschnitt, -e   62
ach   18, 45, 52
Ach bitte, …   42
der Actionfilm, -e   AB 108
die Adresse, -n   14, 21
afrikanisch   53
ah   11, 19, 20
Ah ja.   13
aha   38, 43, 51
der Akkusativ, -e   55
die Aktivität, -en   47
alle   AB 79, 116, 119
allein   *AB 115*
alles   30, *AB 92*
also   50, 51, 61
alt   35, 38, 53
das Alter (nur Singular)   21, 53
am   38, 44, 45
am Abend   45
am Dienstag   54
am Mittag   45
am Montag   54
am Morgen   41, 45
am Nachmittag   41, 45
am Vormittag   41, 45
an   16, 17, 22
andere   23
an·fangen   44
die Angabe, -n   23
an·kreuzen   17, 21, 22
die Anmeldung, -en   14
der Anruf, -e   38
an·rufen   43, 44, 45
die Ansage, -n   46

an·sehen   8, 16, 24
die Antwort, -en   31
antworten   11, 26, 29
die Anzeige, -n   37, 38, 53
das Apartment, -s   37
der Apfel, ̈   24, 25, 27
der Apfelkuchen, -   AB 94
der Apfelsaft, ̈e   49, 51, 52
das Arabisch, (nur Singular)   12
arbeiten   41, 43, 45
das Arbeitsamt, ̈er   46
der Artikel, -   31, 39, 55
der Arzt, ̈e   58, 62, AB 127
die Arztpraxis, -praxen   46
der Atlas, die Atlasse / die Atlanten   AB 82
auch   18, 33, 34
auf   10, 13, 22
auf Deutsch   27, 58
auf Wiederhören   13
auf Wiedersehen   10
auf·räumen   43, 44, 59
auf·stehen   41, 43, 44
aus   9, 12, 14
aus aller Welt   53
aus·füllen   21, 62
die Aussage, -n   15
das Auto, -s   *AB 115*
das Baby, -s   22
die Bäckerei, -en   30
das Bad, ̈er   32, 33, 34
die Badewanne, -n   36
bald   *AB 125*
der Bahnhof, ̈e   46
der Balkon, -e   34, 35, 37
die Banane, -n   24, 27, 28
der Becher, -   29
das Bedauern (nur Singular)   55
bedeuten   *AB 99*
das Befinden (nur Singular)   23
die Begrüßung, -en   15
bei   10, 31, 54
das Beispiel, -e   13
bequem   AB 100
beschreiben   39
besondere   62
besser   33
bestimmt   39, 55
die Betonung, -en   AB 67, 74, 84
das Bett, -en   36, 44, 59
bewölkt   50, 54, 55
bezahlen   37
das Bier, -e   26
das Bild, -er   12, 26, 28
bilden   59
billig   35
bin … alt   53
bis   37, 41, 44
bis auf   54
bisschen   12
bitte   53, 62
Bitte schön!   30

bitten   15
blau   36
der Borschtsch (nur Singular)   33
boxen   53
brauchen   25, 26, 30
braun   36
breit   35, 36, 38
die Breite (nur Singular)   AB 100
der Brief, -e   53, 60
der Brieffreund, -e   53
der Briefumschlag, ̈e   AB 73
bringen   58
das Brot, -e   26, 28, 51
das Brötchen, -   27, 28, 29
der Bruder, ̈   17, 19, 20
das Buch, ̈er   AB 95, 98, 107
der Buchstabe, -n   13, AB 71, 86
buchstabieren   13, 14
der Bus, -se   62
die Butter (nur Singular)   29, AB 91, 103
ca.   37, 50
der Cent, -s   28, 29, 30
die Chiffre, -n   53
circa   50
der Club, -s   AB 127
cm   38
die Cola (nur Singular)   48, 49, 51
der Computer, -   38
der Computertisch, -e   38
da   13, 38, 52
da sein   38
dabei·haben   49, 52, AB 115
die Dame, -n   AB 66, 98
danach   61
danke   9, 10, 13
danken   15
dann   11, 13, 18
das   8, 9, 10
das da   19
das geht   59
das hier   19
dein, -e   53, AB 119
dem   14, 36, 39
den   51, 52, 58
denken   AB 103
denn   17, 20, 34
der   9, 12, 13
deutsch   12, 60
(das) Deutsch als Fremdsprache   14
der Deutschkurs, -e   62
Deutschland (nur Singular)   12, 18, 20
deutschsprachig   22, AB 82
der Deutschunterricht, -e   62
der Dialog, -e   AB 72, 74, 105
dich   AB 116
die   8, 14, 16
(der) Dienstag, -e   47, 61
diesmal   62
das Diktat, -e   56, 57, 60

diktieren   37
dir   18
doch   27, 35, 51
(der) Donnerstag, -e   46, 47, 54
dort   33, 34, 39
die Dose, -n   29
Dr. = Doktor   46
du   12, 13, 17
dunkel   35
der Durst (nur Singular)   33
die Dusche, -n   36
eben   AB 115, 119
das Ei, -er   27, 28, 30
ein   11, 12, 21
ein bisschen   12
eine   12, 14, 20
einige   AB 116
der Einkauf, ̈e   24, 26
der Einkaufswagen, -   AB 113
ein·kaufen   30, 31, 41
ein·laden   AB 116
die Einladung, -en   AB 119
einmal   54, 58
ein·tragen   AB 76, 89, 106
das Elektrogerät, -e   36
die Eltern (nur Plural)   19, 20, 62
die E-Mail, -s   14, 53, 60
das Ende, -n   47, 63
endlich   AB 116
der Englischkurs, -e   45
Entschuldigen Sie!   51
die Entschuldigung, -en   11, 13, 15
er   20, 21, 22
ergänzen   12, 14, 19
erklären   AB 114, 120, 121
erreichen   54
erst   AB 102, 111
erzählen   45, 61
es   11, 18, 33
es geht   18, 36, 39
es regnet   55
es schneit   55
essen   60
der Esstisch, -e   AB 100
etc.   37
etwas   38, 59
der Euro, -s   28, 29, 30
(das) Europa (nur Singular)   AB 71
die Exkursion, -en   62
fahren   52, 53, 58
das Fahrrad, ̈er   58, 61, 62
Fahrrad fahren   53
falsch   22, 25, 54
die Familie, -n   16, 37, 46
das Familienfoto, -s   19
der Familienname, -n   14, 21
der Familienstand (nur Singular)   21
die Farbe, -n   36, 39
fehlen   AB 96
feiern   AB 119

Quellenverzeichnis

Umschlag:	U1 und U4 : Image Bank/Rob Van Petten
Fotocollage:	Alexander Keller, München
Seite 11 unten:	2. – 4. von links: dpa, Frankfurt
S. 19 unten: links und Mitte:	Marlene Kern, München; rechts: Sylvette Penning, München
Seite 22 oben: links:	© by Switzerland Tourism By-line: ST/swiss-image.ch; 2. von links: © Hamburg Tourismus GmbH; rechts: © Österreich-Werbung/R. Liebing; unten: c: © EyeWire; d: Valeska Hagener, München
Seite 38 oben:	© Monika Bender, München
Seite 50:	Wetterkarte*
Seite 62:	rechts: MHV-Archiv (Dieter Reichler)
Seite 67:	unten: MHV-Archiv (Jens Funke)
Seite 69:	Mitte: MHV-Archiv (Dieter Reichler); rechts: © PhotoDisc
Seite 75:	Birgit Tomaszewski, Ismaning
Seite 86:	Marlene Kern, München
Seite 118:	b: MHV-Archiv (Dieter Reichler); c: © Pixtal
Seite 127:	Yassin Saidi, Fürstenfeldbruck
MEV:	Seite 13 links, 22 unten (a), 53 Mitte, 77
MHV-Archiv:	Seite 22 oben: 3. von links, 62 links, 67 oben, 81 oben und unten, 95, 118 Mitte, d und e
Franz Specht, Weßling:	Seite 11 unten links; Seite 18 unten; Seite 20 unten; Seite 21 unten; S. 26 unten; Seite 27 a-f; S. 29; Seite 38 unten; Seite 42 unten; Seite 61/4
Alle anderen Fotos:	Alexander Keller, München

Der Verlag bedankt sich für das freundliche Entgegenkommen bei den Fotoaufnahmen bei:
Unternehmensgruppe Tengelmann; Feinkost „Gonimo", Inh. Theodoros Tapsis, München

Wir haben uns bemüht, alle Inhaber von Bild- und Textrechten ausfindig zu machen.
Sollten Rechteinhaber hier nicht aufgeführt sein, so wäre der Verlag für entsprechende Hinweise dankbar,
insbesondere bei den Angaben mit *.